大学体育运动与教育研究

高 铭 著

吉林出版集团股份有限公司|全国百佳图书出版单位

图书在版编目(CIP)数据

大学体育运动与教育研究 / 高铭著. — 长春：吉林出版集团股份有限公司，2023.10

ISBN 978-7-5581-2815-8

Ⅰ. ①大… Ⅱ. ①高… Ⅲ. ①体育运动－教学研究－高等学校 Ⅳ. ①G807.4

中国国家版本馆 CIP 数据核字(2023)第 207566 号

大学体育运动与教育研究

DAXUE TIYU YUNDONG YU JIAOYU YANJIU

著　　者　高　铭
责任编辑　孙　璐
开　　本　787mm×1092mm　1/16
印　　张　9.75
字　　数　201 千字
版　　次　2023 年 10 月第 1 版
印　　次　2023 年 10 月第 1 次印刷

出　　版　吉林出版集团股份有限公司
发　　行　吉林音像出版社有限责任公司
（吉林省长春市南关区福祉大路 5788 号）
电　　话　0431－81629679
印　　刷　吉林省信诚印刷有限公司

ISBN 978-7-5581-2815-8　　定　价　48.00 元

前　言

大学体育运动是指在大学校园内开展的各项体育活动。它是大学教育的重要组成部分，对于培养学生健康的身体素质、增强团队合作精神和领导力，以及提升人际交往能力都有着重要的作用。然而，从现阶段大学体育教育教学中的实际开展效果来看，大学生对体育运动的积极性并不高，很多学生缺乏体育锻炼，大学体育教育教学课程有待进一步提高。所以，我们应该积极支持和推广大学体育运动，以促进大学生综合素质的全面发展。

本书结合大学体育教育教学与运动训练特点，阐述了大学体育教育教学的基础理论和一系列创新和发展，包括大学体育教育的现代化教学手段、大学体育运动与教育教学的设计、实践与评价等，深入探究了现代大学体育教学改革的实现路径和体育教学思想的转变，开发体育教育创新课程。

本书由云南财经大学体育部高铭撰写并负责本书的统筹、统稿工作，高铭撰写了第一章、第二章、第三章、第四章、第五章、第六章、第七章和第八章的内容，共计20万字。

本书在撰写的过程中参阅了众多文献资料，在此表示衷心的感谢。由于本书综合性较强，加之作者的水平和掌握的资料有限，书中难免存在缺点，敬请读者批评指正！

高　铭

2023年5月

目　录

第一章　大学体育发展概述

体育运动对增强人民体质、培养良好的道德品质和心理素质具有重要的作用，在改革开放的新形势下，体育更显示出它的特殊功效。

第一节　体育的组成与功能

体育是一种复杂的社会文化现象，它以身体与智力活动为基本手段，遵循人体生长发育、技能形成和机能提高等规律，是一种促进全面发育、提高身体素质与全面教育水平、增强体质与提高运动能力、改善生活方式与提高生活质量的一种有意识、有目的、有组织的社会活动。

不同内容和范围的“体育”，都以身体运动为基本手段，都要全面发展身体和增强体质，都包含教育、教学和竞赛等因素。由于体育是人类特有的一种社会文化活动，其内容十分广泛，并随着社会的进步和人们对现代体育认识的不断深化而使活动内容越来越丰富。

一、体育的组成

我们从现代体育的不同属性或关系比较出发，根据目的、对象和对社会的影响不同，对现代体育进行分类。目前普遍认为，体育（即现代体育运动）主要由学校体育、竞技体育、大众体育三个部分构成。

（一）学校体育

学校体育，习惯上称为狭义的体育。它是学校教育的重要组成部分，是国民体育的基础，也是全面发展人的身体，增强体质，传授体育知识、技术和技能，提高运动技术水平，培养良好的道德意志品质的一种有目的、有计划、有组织的教育过程。它与德育、智育、美育、劳动技能教育等相结合，是培养人才全面发展的一个重要方面。为了达到教育、教养及发展身体的总目的，不同层次的学校体育按不同教育阶段和年龄特征，通过体育课和课外体育活动两种基本组织形式，围绕“增强体质”这一中心，全面完成学校体育的各项任务。

随着人类社会向知识经济时代的发展，人才的竞争成为时代的主旋律。人类的生活如同竞技场上的比赛，人要与自然竞争，与对手竞争，与智力资源的占有竞争。这必将对当今社会的生产、生活、工作、学习、思维方式以及教育、经营管理、领导决策诸项活动产生深远的影响，同时促使体育教育向着社会化、娱乐化、终身化及竞技化的方向发展。因此，现代学校体育教育要考虑如何增强学生体质，培养竞争意识，培养学生在走向社会后仍然坚持参加体育活动，注重身体养护的终身体育思想，树立现代健康观，为国家和人民的事业努力工作。学校体育除了促进受教育者全面发展教育之外，必须对民族素质的提高起到积极的推动作用，同时为学生终身体育思想、卫生保健意识的树立奠定良好的基础。

（二）竞技体育

竞技体育，有人称为竞技运动。这里所指的是高水平的竞技体育，是根据规则和以取胜为目的的竞赛性和娱乐性的体力活动。为了最大限度地发挥和提高个人和集体在体格、体能、心理和运动能力等方面的潜力，以取得优异成绩为目的而进行的科学的、系统的训练和竞赛。这种竞赛具有激烈的对抗性、竞争性和高度的技艺性，必须按照一定的规则进行，竞赛成绩应为社会所承认。高水平竞技体育是体育的一种特殊形态，已成为一种专业化或职业化的社会体育现象，世界各国都把很大的力量投入奥运会比赛上，其目的不仅是夺取奖牌，而且是其中所体现出的奥林匹克精神和理想，为了“和平、友谊、进步”，在“更快、更高、更强”的口号下，进行公平公正的比赛，促进人类的友谊，增强人类的体质，提高运动技艺和精神境界，从而推动人类社会的不断发展与进步。

（三）大众体育

大众体育又称为群众体育或身体锻炼，是指以健身、医疗、娱乐为目的，内容丰富、形式多样、因人而异的一种群众性的健身的体育活动。其基本类型如下所述。

1. 医疗康复体育

它以治疗伤病、恢复人体机能为目的，并采用恢复身体功能的保健医疗体操、防病治病的太极拳、导引养生功等体育活动的方法和理论进行康复治疗。

2. 娱乐、休闲体育

即在闲暇时间里提高、充实人的精神境界的体育活动。它以休闲、娱乐为目的，如打高尔夫球、康乐球，下棋、打牌、钓鱼等。

3. 矫正体育

即用以矫正人的身体的各种不正确姿态，如坐、立、行走等及身体各部分不平衡现象，促使身体各部分协调发展及体态优美的体育活动。如各种特殊体操、健美操等。

4. 民间体育

不同民族人民根据本民族自身的特点，在生产劳动和日常生活中创造了各种各样的体育活动和健身方法，形成了具有民族特色的体育运动形式。民间体育活动方法简便易行，规则简单且富有趣味性，在田间、地头、场院，在劳动之余、课间休息时间均可进行。它对提高人体的基本活动能力和发展力量、耐力、灵敏等身体素质，掌握劳动技能产生了积极的影响，同时对娱乐身心、促进人际关系的发展也起到了积极的推动作用。我国民间体育形式有民间举重、角力、马术、拔河、跳板、爬杆、荡秋千、踢毽子、跳绳、打陀螺、骑射、叼羊等。

二、体育的功能

随着社会的进步，体育科学技术的发展，体育的功能进一步地被认识、揭示与开发。在目前的体育概论教材中，对功能的提法是不一致的，有的学者主张用体育的生理功能、心理功能和社会功能来分类；有的学者从体育的多功能出发，归纳为健身功能、娱乐功能、促进个体社会化功能、社会感情功能、教育功能和政治功能；有的学者主张“体育就其本质原理来说有它自身的功能，作为社会现象的体育，它的功能与社会的政治、经济相结合，又表现出比其自身功能更大的社会效能。因此，其大致可分为生物效能和社会效能。生物效能包括健身、健美、保健和延年益寿；社会效能包括教育、娱乐、政治和经济”。还有学者主张把体育的功能划分为本质功能和非本质功能。根据体育的本质特征，我们认为把体育的功能划分为本质功能和非本质功能。所谓的本质，是指事物本身所固有的、决定事物性质、面貌和发展的根本属性。因此，这里所指的功能，不是人为的，而是不以人的意志为转移的客观存在，任何一种体育现象都包含这些本质功能。而非本质功能则不然，它们不是体育所固有的，是一种人为的、利用体育手段所实现的功能。

（一）体育的本质功能

1. 教育功能

体育的教育功能是最本质的功能。从原始社会体育萌芽开始，体育一直是作为教育手段而流传于世的。人类的生活经验是多方面的，经验的发展和充实，代表生活能力的提高。史前儿童就已经从他们的父辈那里得到劳动教育和体育教育。他们为了获取猎物和防止外来侵略，学会了准确地投枪和投掷石块，这是人类生存的需要。至今，现代竞技运动中的跑、跳、投等项目仍留下这一教育的痕迹。国外有关专家认为，人的思维的最本质和最切近的基础，正是人所引起的自然界的变化，而不单独是自然界本身；人的智力是按照人如何学会改变自然界而发展的，改变自然界是人与一般动物最显著的区别。改造自然界在原始社会主要靠本身的体力和智能以及一些简单的劳动工具。这样增强体力和掌握劳动技能就必然带有教育的性质。在古希腊哲学家亚里士多德的教育思想中认为，体育、德育、智育互相联系。智力的健全依赖于身体的健全，因此，体育应先于智育。在古希腊的学校教育中，奴隶主子弟从小学起就要接受严格的体操和军事训练，学习角力、竞走、跳高、掷标枪和游泳，其目的是把本阶级的子弟培养成军事统治者。在我国古代的教育中，以“六艺”（礼、乐、射、御、书、数）为主要内容，其中射、御均有体育教育的显著内容。

今天，在世界任何一个国家或地区，均强调德、智、体的全面教育。尽管存在教学内容的差异，但体育是教育不可缺少的组成部分。体育教育在传授生活技能、教导社会规范、培养竞争意识、提高适应能力等方面发挥了巨大的作用。随着现代社会的发展，现代体育教育并不仅仅局限于学校体育的范畴之内，而在竞技体育和大众体育中均显示出体育的教育功能。如竞技体育的训练本身就是教育的过程，竞赛的过程更具广泛的教育意义，通过竞赛可以培养国人的爱国主义热情和顽强拼搏、无私奉献的精神。在大众体育中，从学习健身、娱乐、保健等技能来看，都含有教育的因素，能者为师是这一活动类型的典型教育因素。现代体育教育已不仅是促进生长发育、增强体质，也不仅是锻炼身体、提高素质、掌握技能，而重在培养终身从事体育活动的兴趣和习惯，以改善生活方式，提高生活质量，适应现代社会发展的需要。

2. 强健身心功能

人类在很早以前就已认识到，通过身体直接参与体育活动，不仅可以改变自身的生理功能，而且可以改变自身的心理状态。经理论研究者的大量科学实验证明，体育运动可以促使有机体的生长发育，改善各器官系统的机能，培养良好的心理素质，从而增进健康（生理和心理的健康），增强体质，防治疾病，提高有机体的工作效率。

3. 改善和提高中枢神经系统的功能

实践证明，经常参加体育运动可以改变大脑的供血、供氧状况，使人头脑清醒，思维敏捷，增强大脑皮层的兴奋性，提高神经过程的均衡性和灵活性，对内外刺激的反应更加迅速、准确，大脑皮层的分析、综合能力增强，中枢神经系统对身体各器官系统作用提高，促使各器官系统的活动更加灵活和协调，保证有机体对外界环境的适应性，从而提高工作效率。

4. 促进生长发育，塑造健美体形，提高运动能力

经常参加体育运动可以使管状骨变粗、骨密质增厚、骨结节和骨粗降增大、骨小梁的排列也随之产生适应性变化，使骨骼更加坚实，抗压力增强。特别是能使脊椎、胸廓和骨盆等支撑器官的发展更趋完美，为塑造健美体形创造条件。同时使肌纤维增粗，肌肉壮实、有力，从而提高劳动效能和运动能力。

5. 促进内脏器官构造的改善和机能的提高

运动可使人体内血液循环加快，能量消耗增加，代谢产物增多，新陈代谢旺盛，从而使血液循环系统、呼吸系统、消化系统、排泄系统的机能得到改善。如心脏，经过长期锻炼，可能产生运动性肥大，心壁增厚，心容积增大，每搏输出量增加，安静时出现心搏徐缓，出现机能节省化的现象。同时，肺活量增大，呼吸深度加深。

6. 调节、改善人的心理情绪，提高适应能力

体育运动可使人朝气蓬勃，充满活力，生活愉快，精神健康，消除意志消沉和情绪沮丧等不良情绪和心理问题，使人性格豁达，从而提高适应自然环境和社会环境的能力，提高对疾病的抵抗能力。

随着现代社会工作和生活节奏的加快，对人体的健康提出了更高的要求，人们已经认识到，无疾病并不等于健康。因此，人们积极投身于体育运动。

7. 娱乐功能

由于体育具有游戏性、大众性、艺术性、惊险性，能满足社会不同人的各种需要，起到丰富社会文化生活、愉悦人们身心的作用，故它具有娱乐功能。体育的娱乐功能体现在两个方面：一是观赏（观赏也是一种参与）；二是直接参与活动。随着运动技艺日益向高、尖、新、难的方向发展，运动员在时间与空间、健与美、韵律与节奏等方面使运动技能巧妙地结合起来，使人们在观看比赛时，犹如欣赏优美的舞蹈、线条明快的雕塑、光线和谐的摄影艺术品，使人得到美的享受。正因为体育有如此魅力，所以常常吸引广大观众“聚焦”于电视机前；吸引广大体育爱好者（球迷）身临其境观看比赛，运动员每一个精彩的动作与失误，均会引起观众的欢呼雀跃与叹息，观众的心被紧紧地牵动着。

人们直接参与活动，特别是自己喜爱和擅长的运动项目，能够在完成各种复杂练习的过程中，在征服自然障碍的斗争中，体验到一种非常美妙的快感。这种心理状态可以激发人的自尊心、自信心、自豪感，满足人们与同伴交往、合作的需要。人们参与到不同的运动项目中均会有不同的情感体验。现代人需要体育运动，需要体育这一娱乐功能，并用以改善与调节都市生活给人带来的与大自然的隔绝；改善由于机械化、自动化、智力化给人的神经系统带来的高度紧张；改善由于食物构成向高脂肪、高蛋白质的方向发展而带来的人体的运动不足、营养过剩所导致的肥胖病、心血管疾病。在现代生活方式中，强调健康的、科学的、文明的生活方式，投身于体育运动，从而提高生活质量。

（二）体育的非本质功能

1. 经济功能

在现代社会中，体育既是一种经济力量，也是 种推动和制约经济发展的动力。虽然体育本身不是生产力，不能产生经济效果，但是，它培养合格的劳动者，提高劳动生产效

率，降低伤病率，提高出勤率，从而促进生产力的发展。同时，随着现代体育和社会的不断发展，体育已成为一个兴旺的经济行业。从体育场馆的建造，到体育器材、运动服装、运动食品的研制、生产与销售，再到体育社会文化现象的产生（诸如电视转播权出售、门票出售、奖券出售、广告费的收取、纪念品的销售、运动选手的有价转让、参赛选手的出场费的收取、明星选手的生产经营），以及体育旅游业、保险业、康复健美业等的兴起，均体现出巨大的经济功能，并获得了较大的体育经济效益。

2. 科技功能

体育从它为生产斗争、阶级斗争服务以来，人类一直都在研究怎样才能跑得快、跳得高、掷得远，怎样才能为生产力的发展培养优秀的人才，为保家卫国培养合格的士兵。现代体育发展至今，均得益于现代科技的进步，没有科技的发展，不可能有今天的体育。有的学者认为，“体育是现代科技的橱窗”，“奥林匹克运动场上的竞争实质上是各国科学技术的竞争”，从田径运动起跑的蹬地角度、跳高的起跳时间到标枪重心的前移，从体操的各种高难度动作到跳水的入水分析，都注入了运动生物力学的研究；等等。因此，体育的科技功能备受重视。

第二节　学校体育概况

一、大学体育的地位

随着 21 世纪的到来，人类历史在经历了天然经济、自然经济和工业经济时代后又迎来了知识经济时代，工业经济和知识经济社会人类劳动形式的特点是几乎不需要全身性的大肌肉运动，使得人类在摆脱繁重体力劳动的同时，由于运动活动的减少而使人类体质面临急剧下降的危险。为维护自身的体质和健康，乃至作为一个种群的继续存在，人类对体育产生了前所未有的强烈需要，体育意识得到了不断地巩固和强化。面对社会发展的大趋势，为了全面贯彻党的教育方针，保证我国政治、教育和经济改革的顺利进行，实现“培养体魄健壮，具有现代意识和精神的社会主义合格建设人才”的目标，大学体育的社会地位也在不断提高。

（一）在民族体质建设中的地位

一个民族的体质水平是这个民族进步和发展的重要标志。对于某一个体来说，体质状况是一个人能否学习、工作和幸福生活的重要基础。因此，健康的体魄是大学生为祖国和人民服务的基本前提，是中华民族旺盛生命力的生动体现。人的生长发育和体质水平受到多种因素的影响，如气候、地理、遗传、生活环境、劳动方式、营养、疾病、医疗卫生、体育活动等，随着现代体育“多功能特征”的确认，体育活动已成为增强体质的最积极、最便利的因素。经常参加体育活动，可以提高人的体力、智力和能力，为健全劳动者的体格，发展体能，增强对环境的适应能力和对疾病的抵抗能力，增强意志，改善民族素质，保持良好的劳动效率，提高在艰苦条件工作的忍耐性等提供坚实的体质基础。特别是对大学生而言，由于大学生正处于身体发育的关键时期，各器官系统的机能和适应能力均已发展到较高水平，正处于性发育成熟、人体生命活动最旺盛的时期。在这一时期，通过体育教育可使学生身心得到全面的锻炼，促进体格、体能、适应能力、心理及智力的健全发展，为一生的学习、工作和幸福生活打下良好的基础。此外，根据遗传学规律，这种体质优势还将直接影响下一代的成长，对改善民族的体质水平有着极为深远的意义。此外，民族素质的提高将促进国家经济发展。这些都确定了大学体育教育在促进民族体质建设和物质文明建设中的地位。

（二）在民族文化建设中的地位

随着社会发展和人们物质文化生活水平的提高，作为人类文化重要组成部分的体育日益成为现代文明生活中不可缺少的重要内容。对于大学生来说，由于身心活动处于飞跃阶段，朝气蓬勃并充满青春活力，敢于创新，富于幻想和喜欢憧憬未来，因此，在享受、娱乐、审美、社交等方面，都有较强烈的精神追求。这样，通过体育教育不仅可以让大学生获得享受体育文化的能力，而且可以从直接参与体育实践的体验中，获得调节生活内容，丰富文化生活，改变生活方式，享受精神乐趣，保持心态平衡等方面的益处。还能通过积极引导，培养学生热爱祖国的美好情感，激发他们勇于进取，养成勇敢顽强、敢于竞争、刻苦耐劳、不甘落后的精神。这些都充分体现了体育教育在促进民族文化，建设和思想建设中的地位。

二、大学体育的目标与任务

大学体育是大学教育的重要组成部分，它以培养人才为宗旨，与德育和智育相结合，共同完成高等教育的任务。从我国社会发展的实际出发，根据有关文件的要求，大学体育必须着眼于提高整个民族的体质和健康水平，树立健康第一的指导思想，遵循大学生的身心特点和教育规律，使学生身心获得全面发展，使学生毕业后，在知识经济时代以脑力劳动和知识创新为特点的工作中做出应有的贡献。因此，大学体育的总体目标是以育人为宗旨，引导和教育大学生主动、积极地锻炼身体，掌握现代体育科学的基本知识、技能、技术和锻炼身体的方法；有效增强体质，促进身心和谐发展；建立正确的体育意识和观念；

提高体育文化素养；获得独立从事体育活动的基本能力；培养“终身体育”的兴趣和习惯，为自身的全面发展打下良好的基础；努力创造条件提高少数具有竞技运动才能学生的运动技术水平，为国家培养和输送优秀体育人才。

根据以上要求，大学体育应完成以下任务。

第一，增进健康，增强体质，提高学生的体能和适应能力，促进身心全面发展。健康是人生的最大财富。正处于青春旺盛期的大学生，不能满足于生长发育正常和没有疾病的一般健康水平，应该具有强壮的体魄、良好的机体工作能力和适应能力，为未来的事业和一辈子的健康生活打下坚实的体质基础。因此，在学校学习的最后阶段，要通过体育活动使体格健壮，体形匀称，姿态健美，行动矫健，机灵应变，能担当重任，精力充沛，并且具有较强的适应环境变化与抵抗疾病的能力。

第二，使学生掌握体育的基本理论知识，助其建立正确的健康观念，培养积极参与体育活动的意识和习惯，掌握科学锻炼身体的基本技能，为终身体育打下基础。体育基本知识是现代文化的重要内容之一，是大学生应具备的文化素养，其中的一部分知识又是指导个人体育行为实践的先导。体育运动技术是前人通过实践总结的合理、有效的动作方法，正确地掌握这种方法，就形成了运动技能。

第三，进行思想品德教育，增强组织纪律性，培养勇敢、顽强、进取精神。思想品德教育包括爱国主义教育、道德教育、意志品质教育等。组织纪律性包括集体主义精神和遵守行为规范。勇敢、顽强、进取是一种自强不息、奋发向上、无私奉献的精神。这些教育贯穿大学体育的全过程，具有渗透性、持续性、迁移性。它是大学精神文明建设的一条重要渠道。

第四，在广泛开展群众性体育活动的基础上提高运动技术水平。在普及的基础上提高，在提高的指导下普及是体育事业发展的基本方针。提高运动技术水平是相对的，运动技术有基本的、初级的、中级的，乃至高的、难的、新的。大学的体育是普通体育，应当面向全体学生。就广大学生而言，应要求其掌握最基本的体育技能。体质和运动基础较好的学生在这个基础上可通过一定的途径学习技术稍复杂的动作，即在共性中发展个性，从群体中培养骨干，提高运动技术水平。部分学校可充分利用学校科技和人才优势，采取特定的措施和手段对某些独具运动天赋的学生进行特殊的训练和培养，建立高水平运动队，培养“明星运动员”，为国家输送优秀的后备体育人才。

三、大学体育的基本途径

大学体育的目标是大学体育工作的出发点和依据，也是大学体育工作的落脚点和归宿，为了实现大学体育的总体目标并完成具体教学任务，根据有关文件的要求，可采用体育课程教学、课外体育活动、课余体育训练、课余体育竞赛四种基本方式。

（一）体育课程教学

体育课程教学是大学体育工作的中心，是高等学校教学所规定的必修课程。体育课程是按照教学计划和教学大纲组织的专门的教育过程，也是实现大学体育目标与完成教学任务的最基本途径。

有关文件规定普通高等学校的一、二年级必须开设体育课，三年级以上开设体育选修课。根据各高等学校实际，一般在一年级开设体育普修课，二年级开设体育选项课。个别有条件的学校在高年级开设体育选修课。目前，许多学校积极探索体育改革的途径，一些学校从一年级就开设选项课，并面向全校学生开设体育选修课，且纳入素质教育学分管理之中，作为素质教育的一项重要内容。还有部分学校对俱乐部式的教学模式进行了实践探索，力图按学生兴趣施教，使体育课程教学与课外体育活动更紧密地联系起来，更好地实现大学体育教学目标。不管开设什么形式的体育课，目的都是使全体学生更好地增强体质，增进健康，提高体育文化素养，养成“终身锻炼”的意识与习惯。有关文件规定，学校必须开设体育课，并将体育课列为考核学生学业成绩的科目，体育课程考核不及格者，不发给毕业证书。因此，体育课程具有明显的法定性和强制性。但就大学生而言，上体育课是国家赋予自己参与体育活动的权利，每个大学生都应运用这一权利，主动地、自觉地、积极地参与体育课程教学活动，从而享受到体育带来的无限乐趣。

体育课程可分为理论与实践两个部分。理论课依据体育理论教材由教师在室内课堂进行讲授，内容主要包括体育科学知识及体育实践方法。为了加强大学生对体育知识与文化内涵的理解，大学体育应适当增加理论课的学时，并作为体育课程考核内容的一部分。实践课则以身体练习为基本锻炼手段，通过提供体育活动所需的运动场地与设施，构成以教师为主导、学生为主体的专门教学模式。由于教育对象在教学过程中要接受一定的运动负荷，因此，体力与智力的相互联系与作用，使实践课教学在遵循一般教学普遍法则的基础上，还必须遵循动作技能形成的规律、人体机能活动的规律和人体能力变化的规律。当前，为适应现代教育的发展趋势，根据“终身教育所强调的关于个人接受教育的方式不应与自身相冲突”的观点，重视培养学生体育活动的兴趣、习惯与能力，并根据个性发展的统一性、全面性和连续性原则，大学体育课程可分为以下几种主要形式。

1. 普通体育课

普通体育课是专为普通高等学校一、二年级学生所开设的必修体育课。教学内容具有基础性，教学要求具有普遍性，要求完成体育教学大纲中的基本任务。凡身体健康无残疾的学生都必须按规定要求通过考核标准。普通体育课有严格的学时规定及学籍管理的约束，但为了提高培养跨世纪人才的质量，主动适应社会主义市场经济体制的需要，目前围绕教学大纲、教材体系、教学俱乐部等重大问题，制定课内外一体化，加强体育理论课和实行教学俱乐部制等改造措施，必将对体育课程建设产生积极的影响。

2. 体育选修课

根据有关文件规定，普通高等学校必须为三年级以上学生开设体育选修课。选修课是在完成普通体育课要求的基础上，根据个人的兴趣与爱好，让学生选择某一运动项目进行专门训练，不断提高专项技术水平和能力。在大学更好地推行“全民健身计划”，寻找终身体育、成功体育、娱乐体育与全民健身的结合点，并把体育意识、体育能力的培养以及养成体育活动习惯作为追求目标，已成为体育选修课重点需要解决的问题。

3. 体育保健课

体育保健课专为患有慢性病或有残疾的学生开设。其目的在于增强其体质，帮助其恢复健康，调节生理功能和矫正某些身体缺陷。根据有关文件规定，参加保健课的学生必须经医院证明，体育教研室（部）同意。教学内容的选择应注意保健性，具体要求可适当放宽。但最近几年，由于人们的生活节奏加快和思想观念更新引起的心态变化等原因，健康教育，特别是青少年心理健康的教育日益受到重视。为了适应这种需要，如何使体育保健课与健康教育接轨，并协同解决心理健康、卫生保健等问题，已成为体育保健课所要完成的重大任务。

体育实践课由于不同的教材与教学任务，可以有不同的教学操作程序。一般情况下，一堂实践课应包括身心准备阶段，教、学、练基本阶段和放松阶段三个部分，通常称为准备部分、基本部分和结束部分。体育实践课的操作程序三阶段的理论依据是人的一次身体锻炼活动必须受人体生理机能变化规律的制约。理解这一规律及各个阶段人体负荷必须符合常态生理曲线是极其重要的，高等学校体育课是90分钟一堂课，其基本部分生理曲线可以出现两个波峰，后一个峰比前一个峰可高一点。从时间上看，第一个峰可能出现在第35～45分钟，然后可通过讲评，转换练习，稍作休息等进行短暂的身体恢复。第二个峰可能出现在第70～85分钟，然后即进入结束部分，使身体得到放松，逐渐恢复到相对安静状态（见表1-1）。

体育实践课与其他课程教学的区别除了在户外进行以身体活动为主外，身体承受运动负荷是其主要特点。为了能顺利完成课堂教学任务，大学生必须自觉恪守以下行为规范。

（1）着装符合身体练习的要求，应穿运动衣裤、运动鞋，不能穿皮鞋、高跟鞋等，手表、钥匙等应在上课前上交统一保管。

（2）注意安全，做好准备活动，预防运动损伤，按教师的要求循序渐进地进行练习，身体出现异常状况，特别是发现有心脏功能不适，应及时向教师报告。

（3）课前及课中的集合要做到快、齐、静，一般要求在教师发出集合命令后10秒内应站好队形，教师讲解时应全神贯注。对于不遵守常规的不良行为应及时指出并批评，营造良好的课堂风气。

表 1－1　体育实践课中人体生理功能变化情况

人体生理功能的三个阶段	上升阶段	保持相对的最高水平阶段	下降阶段
三个阶段的任务与要求	主要是组织学生，明确任务。从生理、心理上动员学生，逐步提高大脑皮层的兴奋性，做好准备活动，发展各主肌肉群，做关节韧带活动，培养正确姿势，进一步提高机体活力，使人体进入工作状态	使大脑皮层具有适宜的兴奋性，人体工作能力保持相对的最高水平，学习规定的某些主要体育知识、技能，提高运动能力和技术水平	人体出现疲劳，大脑皮层兴奋性下降，工作能力逐渐降低，进行整理活动，使机体逐渐恢复到相对安静状态
分为三个部分	准备部分	基本部分	结束部分

（4）学生完成各种练习时应积极主动，尽到自己最大的努力，同时还要求根据教材内容、场地特点、器材数量按教师所提要求合理有序地进行。

（5）认真观察与思考，互教、互示、互相保护与帮助。

（6）爱护体育器材，在体育委员的组织下每次课前轮流借好器材，协助教师布置场地，课中注意保管好器材，下课前要清点和归还器材。

（二）课外体育活动

课外体育活动包括作息制度中的早操、课间操和课外体育活动、校外体育活动等多种形式。它虽然不像体育课程教学那样有规定的内容、严格的组织形式和考核标准，但根据有关文件规定，课外体育活动是综合评定学生体育合格标准成绩的一个方面，学生“课外体育活动”的应出勤次数和评分标准由学校确定，但除特殊情况外，“早操”每周不得少于三次，“课外活动”每周不得少于两次；“课外体育活动”出勤未达到应出勤次数的85%者，该项成绩记为不及格，该学年的体育合格标准成绩最高记分为59分。

课外体育活动一般每次1小时，也可根据实际情况延长或缩短，但以振奋精神、活跃情绪、持之以恒和不过于疲劳为原则。其内容可以是体育课程教学内容的延伸，可以采用《国家体育活动标准》的内容，也可以根据兴趣特点开展各种各样有益于身心发展的体育娱乐活动。所采取的形式多样易行，可独立按计划进行，或组成兴趣小组，或以体育俱乐部、体育协会等组织进行锻炼，也可以进行班级间的一些小型多样的竞赛活动。其主要目的是增强体质，调节身心，消除脑力活动引起的疲劳，为提高学习和工作效率服务。

校外体育活动是指学生在家庭和社会上进行的体育活动。它是学校体育的延续和补充，对学生增进健康、增长知识、丰富文化生活、开展社交活动和发展运动兴趣、提高运动技术水平、养成良好的体育意识与习惯均有着不可低估的作用。学生可以利用假日去体育场（馆）、游泳池、射击场、公园等社会场所参加辅导、测验、比赛和游乐活动，可以有计划、有组织地进行郊游、远足、爬山、野营等活动，还可以参加寒暑假中举行的冬令营、夏令营等多种形式的体育活动。

（三）课余体育训练

课余体育训练是指利用课余时间，对部分热爱体育运动、身体素质好、有专项运动特长的学生，按项目组织起来，进行系统训练的一种专门教育方式。其目的是提高学校体育运动技术水平，推动群众性体育活动的开展。它本身是学生课外体育活动的重要组成部分，同时也是大学体育贯彻普及与提高相结合方针的重要措施，是在体育课程教学和课外体育活动基础上实现大学体育目标与完成任务的一条基本途径。

在大学可以组建不同水平不同形式的队伍进行课余体育训练，一般有以下几种形式。

1. 兴趣运动训练队

只要身体素质好，有专项特长，兴趣浓厚，本人自愿，经过批准就可以参加。项目设置一般应根据学校的师资、场地设备、传统运动项目等条件决定。训练可以是为参加校际或上级组织的比赛，也可以不为任何比赛，而仅仅只是为了增强体质，提高运动技术水平。这种训练队常以单项协会或俱乐部的形式完成训练任务。在这种训练队基础上可以产生班队、年级队、系队、校队的优秀人才。

2. 学校代表队

一般是有定期比赛的项目，其目的主要是代表学校参加校际或上级组织的比赛，项目设置一般根据学校传统运动项目和上级比赛的竞赛规程来决定，其队数和每队人数均比兴趣训练队少，一般由运动技术水平较高、学习成绩合格、思想素质较好的学生组成。

3. 高水平运动队

根据有关文件规定，普通高等学校经教育部批准，可以开展培养优秀体育后备人才的训练，且对运动水平较高、具有培养前途的学生，报教育部批准，可适当延长学习年限。据此，我国大学课余体育训练有了新的含义。目前，各高等院校根据学校实际，正致力于对高水平运动队的招生、学制及训练与管理的探索与创新。为适应开拓竞技体育人才输送渠道和扩大国际交往的需要，积极创造条件，使课余体育训练逐步走向科学化和系统化。

由于运动训练本身是一个科学而复杂的教育过程，其实质是对运动员的身体进行改造，训练内容包括身体训练、技术训练、战术训练、心理训练和队风训练等。因此，为了提高机能水平和运动成绩，除了必须根据大学生的年龄特征、运动基础、作息制度及生理、心理特点制订专门的训练计划外，还应遵循运动训练的基本原则，采用科学的训练方法。

（四）课余体育竞赛

课余体育竞赛是检查体育教学、体育活动和运动训练效果的一种重要手段，由于其所具有的竞技性与娱乐性的特点，课余体育竞赛不仅可以活跃课余生活、振奋精神、愉悦身心，而且可以增强大学生的交往和友谊。因此，它是吸引广大学生参加体育健身活动的一种好形式，对实现大学体育目标与完成体育教学任务有着积极的影响。课余体育竞赛应贯彻小型多样、单项分散、基层为主、勤俭节约的原则。全校性的运动会和体育节一般由学校组成一个组织委员会来负责领导和组织工作；单项赛一般由体育课部配合单项协会和俱乐部组织；其他简便易行的竞赛，如拔河、跳绳、踢毽等，可以在体育教师的指导下由学生社团、队组织完成。为迎接比赛，特别是全校性的竞赛，各参赛单位要兴起锻炼和选拔热潮，要有强烈的参与意识，真正做到全民健身、全民参与，使体育竞赛成为推动大学体育工作的有力杠杆。另外，还可以通过开展各种形式的校际体育竞赛活动，扩大大学生的视野，提高其社会交往能力。根据有关文件规定，参加学生体育比赛获优秀成绩者或获等级运动员称号者，均可在体育合格标准成绩中获奖学分 3～5 分。

第二章　大学体育运动与卫生保健研究

体育活动只有遵循人体运动时的生理变化规律，符合运动卫生的要求，才能获得良好的效果。由于体育运动是促进健康的一种手段，所以体育运动与卫生保健密切相关。锻炼者掌握一些运动生理学、运动损伤的预防与急救等有关的卫生保健知识，用以指导体育活动，从而获得最佳锻炼效果，是非常必要的。

第一节　运动与人体卫生概述

从某种意义上说，运动安全是体育活动的首要问题，如果不注意运动卫生，盲目和随意地运动，反而会对身体造成危害。

一、准备活动和整理活动

体育运动过程是人体静态—动态—静态的变化过程。准备活动和整理活动就是实现这种“变化”的过渡手段。

（一）准备活动

准备活动是体育活动前进行的有目的的身体练习，它能有效地克服人体的生理惰性，使人体从相对安静状态（有序状态）过渡到运动状态（无序状态），并对整个机体产生积极影响。

1. 准备活动的作用

（1）能克服机体的生理惰性。人体的各器官都具有一定惰性。一般来说，运动器官的发动能力较快，而内脏器官则需 3～5 分钟动员才能进入较高工作状态。运动前做好准备活动，能提高心血管系统和呼吸器官的功能，使机体逐步适应剧烈运动的需要。

（2）能加速肌肉组织的新陈代谢，提高氧的利用率。准备活动使体温升高，增强了肌肉组织的新陈代谢过程，进而提高氧的利用率，为人体进入运动状态提供了良好的物质基础。

(3) 能调节运动情绪。节奏快、强度大的练习，可提高锻炼的兴奋性。节奏慢、强度小的练习，可降低其过高的兴奋性，适当的准备活动能使人体进入适宜的运动状态。

(4) 能预防运动损伤。准备活动能增强肌肉、肌腱和韧带的弹性和伸展性，使关节滑膜液分泌增多，关节活动范围加大，从而避免运动损伤和肌肉痉挛。

2. 准备活动的要求

体育活动前必须进行准备活动，切勿不进行准备活动就投身紧张剧烈的运动中去。准备活动有两种：一种是一般准备练习，如跑步、徒手操、活动肢体各关节等；另一种是专项准备练习，如在打篮球前先做投篮、传球、运球等练习，在长跑之前先慢跑一段，在游泳之前先在陆地上练习划臂、蹬腿、呼吸等。准备活动的运动量和时间的长短，应根据锻炼的项目、内容、气候变化和自己的身体状况而有所区别，一般使身体发热或微微出汗为宜，心率上升到130～160次/分，使内脏器官、肢体的活动幅度和肌肉力量等方面达到适宜的工作状态。

(二) 整理活动

整理活动是人体由运动状态（无序状态）过渡到相对安静状态（有序状态）的活动过程，它是促进体力恢复的一种有效手段。

1. 整理活动的作用

(1) 有助于人体机能尽快恢复常态。由运动引起的一系列生理、心理变化需要有一个逐步恢复的过程，整理活动可促使这一过程的转化。

(2) 有助于偿还氧债。整理活动是一个轻松、活泼、柔和的活动过程，有助于肌肉的血液畅流，排出二氧化碳，消除代谢产物，以获得偿还氧债、减轻肌肉酸痛、消除疲劳的效果。

2. 整理活动的要求

整理活动应着重于全身性放松。尽量采用轻松、活泼、柔和的练习方式，活动量逐渐减少，节奏减慢，以促使呼吸频率和心率下降。如在长跑到达终点后再慢跑一段，或边走边做深呼吸运动和放松徒手操。特别是在紧张剧烈的运动之后，一定要进行全身放松活动，以免身体受到损伤。整理活动之后，还要注意使身体保暖，以防身体着凉，引起感冒。

二、运动饮食卫生

人体每天都必须摄取食物，以维持人体正常生理功能和新陈代谢等生命活动，体育活动更需科学地安排饮食，养成良好的卫生习惯。

（一）运动与营养卫生

人体所需要的营养素主要有糖、脂肪、蛋白质、维生素、矿物质和水。这些营养素具有独特的营养功能，在代谢过程中又密切联系，共同参与，推动和调节生命活动。营养供给不足或过量都不利于健康。经常从事体育活动的人，需要保证足够的营养和营养素之间的平衡。运动中的营养平衡，应当从以下几方面考虑。

1. 粮食类食物

这是热能供给的主要来源，每天进食的数量应与一天热能的消耗相适应，并以粗细粮搭配为宜，多种粮食混合食用。据调查，我国男大学生每天能量消耗约 10.4×10^3 千焦，女生约 8.7×10^3 千焦；积极参加体育活动的男生可达 13.8×10^3 千焦，女生为 10.4×10^3 千焦。如长期热量供给不足，会引起身体瘦弱、抵抗力减弱，但摄取热量过多，也易引起脂肪过多因而发胖。

2. 蛋白质

一般成人每天每千克体重需蛋白质 1.2 克，经常从事锻炼者比一般人高 50%～80%，如果长期蛋白质摄入量不足，可引起营养不良和贫血症等。

3. 蔬菜类食物

这是维生素的主要来源。维生素对经常锻炼的人来说非常重要，它不仅为保证身体健康所必需，而且直接影响人体活动的能力。维生素主要存在于新鲜蔬菜中，最好每人每天能吃 400～500 克蔬菜，有条件者每天还应食用一定量的水果。

（二）运动饮食卫生习惯

1. 运动后不宜立即进餐

这是因为运动时大量血液流入运动器官，胃肠器官的血液量相对减少，胃液分泌减少，消化系统功能处于相对抑制的状态。运动后立即进餐，必然影响食物的消化和吸收，长此以往，会酿成消化不良或其他消化道疾病。合理的进食时间一般为锻炼后半小时。

2. 饭后不宜立即进行剧烈运动

饭后立即进行剧烈运动，易导致消化不良，还可引起腹痛、恶心等症状，也可酿成胃下垂等疾病。

3. 合理安排一日三餐

俗话说："早餐要好，午餐要饱，晚餐要少"，虽是经验之谈，但还是有一定科学道理的。据调查，凡是不吃早餐的人，上午握力减少，神经肌肉震颤增强，血糖降低，出现注意力不集中、头晕、心慌等现象。另外，空腹时间长，也是引起肠胃病的主要原因。所以，早餐一定要吃好，有条件的可增加一些奶类、蛋类食品；午餐一定要吃饱，因为下午的工作、学习和活动量都较大；晚餐不应吃得太饱，以免影响晚间的学习、工作效率和睡眠。应注意的是，由于运动后易产生饥饿感，用餐时不要狼吞虎咽，更不能暴饮暴食。另外，在比赛前或疲劳时，也不宜吃太油腻的食品。

4. 运动中提倡少量、多次的饮水方式

水在人的生命活动中具有重要作用，水占成人体重的 60%～70%，人体与外界环境交换中以水为最多。在运动时出汗多，体内缺少水分，必须及时补充，否则会影响人体正常生理机能活动。

为此应注意：①运动前和运动中不宜一次性大量饮水。饮水过多，会使胃膨胀，妨碍膈肌活动，影响呼吸，使血液浓度稀释，血流量增大，增加心脏负担，这样既有碍健康，也不利于运动。②运动后也不宜一次性大量饮水，否则会加重心脏负担，影响整理活动的正常进行，影响生理机能的恢复。

三、运动环境卫生

良好的运动环境，可以激发锻炼者的运动积极性和提高锻炼效率。反之，可抑制锻炼情绪，还可引起生理异常反应或诱发运动损伤。环境的因素是多方面的，这里主要阐述空气、音响、采光和场地等因素对运动的影响。

（一）运动与空气卫生

空气是人类赖以生存的条件之一，氧是人体生命活动的重要物质，新鲜空气中含有大量负离子，它能调节大脑皮层功能，促进腺体分泌增加，改善呼吸功能，振奋精神，消除疲劳，有效地提高锻炼效果。然而，空气中一旦存在有毒气体，被人体摄入后，就会引起某些器官、系统的损害和病变。如一氧化碳与人体内血红蛋白结合，会形成碳氧血红蛋白，从而导致人体缺氧；四氧化碳会损害人体肝脏。因此，体育活动时应注意下述两点。

1. 避免在空气污浊和恶劣的环境中锻炼。如气压过低、空气湿度过大，都易使机体的散热机能受到阻碍；气温过高易中暑；风速过大，会影响运动进行。

2. 尽可能在室外锻炼。特别是在空气新鲜、环境幽雅的地方锻炼。在室内锻炼时，要开窗通风，室内禁止吸烟。

（二）运动与音响卫生

噪声是一种环境污染因素。它主要来自机器、汽车、高音喇叭、爆炸以及人群喧闹等。噪声会严重影响人的情绪和正常的生理活动。体育活动时常受噪声干扰会影响运动技术的发挥和锻炼效果，甚至造成运动损伤。因此，锻炼环境应保持相对的安静，理想的音响强度应不超过 35 分贝。

（三）运动与采光卫生

合理采光既能使环境气氛和谐，有利于健康，也有利于锻炼活动的顺利进行。不合理采光会直接影响锻炼者的视力，妨碍锻炼活动的顺利进行，还容易发生损伤。

采光可分为自然采光和人工采光两种类型。运动场地采光要求光线充足，室内照明以光线柔和、均匀、不闪烁、不眩目、不明显改变室内温度为宜，一般不小于 50 勒克斯。为了增加亮度，窗户玻璃要清洁，室内装潢最好以浅色为宜，使锻炼者感觉愉快和舒适。

（四）运动场地卫生

1. 田径场地卫生

跑道应当平坦、坚实而有弹性，无灰尘，并保持一定湿度。跳跃沙坑要有 50～60 厘米厚度的沙，保持松软，没有杂物。沙坑周围宜用木质材料制作，并用橡皮包扎与地面齐平。投掷区应有明显标记，以免造成伤害事故。

2. 球类场地卫生

足球场最好铺有草皮，场地平坦、整洁、无杂物。篮球场、排球场、网球场的场地要平整，硬度适中，不应有浮土，球场周围应有余地。

3. 室内运动场馆卫生

除力求光线充足外，室内必须保持整洁卫生。

4. 滑冰场卫生

冰面必须平坦，天然冰场冰层厚度不小于 25 厘米，人工冰场厚度在 15 厘米以上。冰场整洁无障碍物。滑冰人数不宜太多，并注意向同一方向滑行。夜间滑冰时，灯光要充足、均匀。

5. 游泳池卫生

最重要的是水质符合卫生部门的要求，水中含氯量应达到 0.2～0.4 毫克/升，1 毫升水中杂菌数不应超过 100 个，大肠杆菌值不超过 3 个。水质透明度应达到静水时能看到池底任何地方的要求。为了保持池水清洁，游泳前必须全身淋浴，并通过消毒脚池后入池。此外，深浅水区要有明显标记。

到江河湖海里游泳时，必须事前查清水质和有无传染病菌，并注意水深，水的流速低于 0.5 米/秒为宜。不要到受污染的江河里游泳，也不要单人去游泳。

四、运动衣着与器材卫生

运动衣着和运动鞋应符合运动项目要求，并具有透气性、吸湿性、溶水性等性能。运动衣着选择要轻便、舒适、美观大方。夏季应以浅色薄运动衣裤为好，冬季既要注意保暖，又不妨碍运动。运动衣裤要勤换、勤洗，以免汗液和细菌污染机体。

运动器械要坚固，安装得当，并注意检查维修，防止生锈以及连接处脱落。健美、举重室器材用后应放回原处，体操垫硬度要适中，并保持整洁、美观。

五、女子运动卫生

（一）女子体育活动的一般要求

1. 女子呼吸系统和心血管系统机能比男子差，在锻炼中总体运动量比男子要相对小一些。

2. 女子一般肩部较窄，臂力较弱，故应避免做过多的持久的支撑、悬垂和大幅度摆动。女子在青少年时期，骨盆尚未发育完全，不要过多地进行负担量过大的负重练习，避免采用剧烈震动和引起腹压升高的练习，如从高处跳下、举重和憋气等练习。

3. 根据女子爱美心理和柔韧性较好的生理特征，可多选择一些节奏性较强、轻松活泼的体育项目进行练习，如艺术体操、舞蹈以及球类等项目。

4. 为塑造形体美，可多选择一些增强腰背、腹肌和骨盆底肌的项目，如仰卧起坐、仰卧举腿等练习。

5. 要重视全面身体素质锻炼，克服和改善女生的生理弱点，努力提高力量、耐力等身体素质，使之终身受益。

（二）月经期体育卫生要求

月经是女子正常的生理现象，身体健康、月经正常者，一般不出现明显的生理机能变化，在经期可参加适量的体育活动。这不仅可以改善盆腔血液循环，减少盆腔充血，而且由于运动能起到对子宫的柔和按摩作用，有利于经血排出，并且可以调整大脑皮质的兴奋度和抑制过程，有利于人体机能的正常运行。但在进行时应注意以下几点。

1. 适当减少运动量，运动时间不宜过长。对月经初潮的少女，由于经期尚不稳定，运动量更要小些。对恐惧经期的锻炼者，要多帮助指导，使之逐步养成经期锻炼的习惯。

2. 健康状况好、月经稳定者，经期第1～2天可进行轻微的体育活动，如广播体操、传垫排球等；第3～4天可逐渐加大运动量，如进行球类活动和慢跑等；第5～6天便可正常地参加锻炼。

3. 月经期间应避免做震动大的跳跃、憋气和静力性练习，更不宜游泳，因为月经来潮时子宫开放，子宫内膜破裂出血，游泳时容易使病菌侵入内生殖器，引起炎症性病变。

4. 如果出现月经紊乱（月经过多、过少或经期不准）、痛经和明显腰部酸痛等症状，应暂停体育活动。

为了及时了解和掌握女生月经情况，可建立“月经卡”制度以便合理安排运动量。

第二节　运动中的生理反应与处理

由于运动，使人体生理活动过程的有序性受到了暂时的破坏，从而常常出现某种生理反应，简称“生理运动反应”。常见的生理运动反应及处理办法如下所述。

一、极点和第二次呼吸

1. 极点

在中长跑时，能量消耗大，特别当下肢回流血量减少时，加剧了大脑氧债的积累，并在达到一定程度时，就会出现呼吸急促、胸闷难忍、下肢沉重、动作不协调，甚至恶心等现象，这在运动生理学上被称为“极点”。

2. 第二次呼吸

当“极点”出现后，情绪要稳定，并适当减慢跑速，加深呼吸，坚持下去，上述生理现象就会逐步缓解与消失。这是由于氧供给逐步得到增加，机体的适应性使机体功能重新得到改善，从而运动能力提高，动作重新变得协调和有力。这标志着“极点”已经有所克服，生理过程出现新的平衡。此种运动生理学现象称为“第二次呼吸”。

“极点”与“第二次呼吸”是中长跑运动中常见的生理现象，无须疑虑和恐惧，即使一位优秀的中长跑运动员，也常出现“极点”现象，但随着训练水平的提高，上述生理反应将逐步推迟和减轻。

二、肌肉酸痛

不少同学有过这样的体会，在一次活动量较大的锻炼以后，或是隔了较长时间未锻炼，刚开始锻炼之后，常常出现运动后肌肉酸痛症状，这种酸痛不是即刻发生在运动中或运动后，而是发生在运动结束 1～2 天之后，因此也称为肌肉延迟性疼痛。

1. 原因

肌肉酸痛是由于当肌肉一次活动量较大或隔了较长时间未锻炼而刚恢复锻炼时，肌肉对负重负荷及收缩放松活动未完全适应，会引起局部肌纤维及结缔组织的细微损伤，以及导致部分肌纤维产生痉挛。生理和生化的研究结果证实了酸痛时这种局部细微损伤及肌纤维痉挛的存在。由于这种肌纤维细微损伤及痉挛是局部的，因而就整块肌肉而言，仍能完成运动功能，但存在肌肉酸痛感。酸痛后，经过肌肉局部细微结构的修复，肌肉组织会变得较之前更强壮，以后经历同样负荷就不易再发生损伤（酸痛）。

2. 处理

当已经出现肌肉酸痛后，采取以下对策能使酸痛得以缓解和消除。①热敷。可对酸痛的局部肌肉进行热敷，促进血液循环及代谢过程加快，这有助于损伤组织的修复及痉挛的缓解；②伸展练习。可对酸痛局部进行静力牵张练习，保持伸展状态 2 分钟，然后休息 1 分钟，重复进行，每天做几次这种伸展练习，有助于缓解痉挛。但做练习时注意不可用力过猛，以免牵拉时再使肌纤维损伤；③按摩。按摩有使肌肉放松、促进肌肉血液循环的作用，有助于损伤的修复及痉挛的缓解；④口服维生素。维生素有促进结缔组织中胶原合成的作用，有助于加速受损伤结缔组织的修复，从而减轻和缓解酸痛；⑤针灸、电疗等手段对缓解酸痛也有一定作用。

3. 预防

预防肌肉酸痛的发生可注意如下几点：①根据不同体质、不同健康状况科学地安排锻炼负荷，负荷不要过大，也不宜增加过猛；②锻炼时，应尽量避免长时间集中练习身体某一部位，以免局部肌肉负担过重；③准备活动中，注意对即将练习时负荷重的局部肌肉活动得更充分些，对损伤有预防作用；④整理活动除进行一般性放松练习外，还应重视进行肌肉的伸展牵拉练习，这种伸展性练习有助于预防局部肌纤维痉挛，从而避免酸痛的发生。

三、运动中腹痛

1. 原因

人体进入运动状态后，下腔静脉压力上升，血液回流受阻，致使腹部脏器功能失调，引起腹痛；有的因运动时呼吸紊乱膈肌运动异常，引起肝脾膜张力性疼痛；也有的因运动前吃得过饱、饮水过多、腹部受凉，引起胃肠痉挛，导致疼痛。运动性腹痛多数在中长跑运动时发生。

2. 征象

运动性腹痛部位不固定，一般因肠痉挛、肠结核引起腹腔中部处疼痛；食后运动疼痛常发生在上腹部或中部；肝脾膜张力性疼痛，常发生在左右两侧上腹部。

3. 处理

对因静脉血回流障碍和准备活动不足或呼吸紊乱引起的腹痛，可采取降低运动强度，放慢跑速，同时按摩疼痛部位，并做深呼吸等方法，疼痛常可减轻或消失。对于胃肠饱胀、肠痉挛和慢性疾患引起的腹痛，如采取上述措施后无效时，应停止运动。

4. 预防

合理安排运动时间，饭后至少 1 小时后再进行活动。运动前要做好准备活动，运动时要循序渐进。对于患有各种慢性病者，病愈之前需在医生和体育教师指导下进行锻炼。

四、肌肉痉挛

肌肉痉挛俗称抽筋，是肌肉不自主地突然性强直收缩，并变得异常坚硬。

1. 原因

在剧烈运动中，肌肉快速连续性收缩，导致肌肉收缩与放松的协调交替关系被破坏，特别是在局部肌肉疲劳时，更易发生肌肉痉挛。肌肉受到寒冷的刺激，或因情绪过于紧张，也可引起肌肉痉挛。

2. 征象

肌肉痉挛时，局部肌肉产生剧烈性收缩并变得坚硬和隆起，疼痛难忍，且一时不易缓解。

3. 处理

立即对痉挛部位的肌肉进行牵引，如腓肠肌痉挛时，伸直膝关节，并做足的背伸动作。若屈拇肌、屈趾肌痉挛时，则用力将足趾背伸。最好有同伴协助，但切忌施力过猛。此外，可配合局部按摩、点穴（承山、涌泉、委中穴等），以促使痉挛缓解和消失。

4. 预防

运动前做好准备活动，对容易发生痉挛的肌肉，可事先进行按摩；冬季锻炼时，要注意保暖；夏季进行剧烈运动时，应注意补充盐分；游泳下水前，应先用冷水淋浴，游泳时间不宜过长；疲劳和饥饿时，不要进行剧烈运动。

五、运动性昏厥

运动中，由于脑部供血不足，氧债不断积累并达到一定程度时，即可发生一时性知觉丧失，这一现象被称为运动性昏厥。

1. 原因

剧烈运动或长时间运动，大量血液积聚在下肢，回心血流量减少，导致脑部供血不足而出现昏厥状态。跑后如立即停止不动也可出现“重力休克”现象。

2. 征象

全身无力，眼前一时发黑，面色苍白，手足发凉，失去知觉而昏倒。生理监测脉搏慢而弱、呼吸缓慢、血压降低等。

3. 处理

立即将患者平卧，足略高于头部，并进行向心方向按摩，同时指压人中、合谷等穴位。如有呕吐，应将患者头偏向一侧，以利呼吸道畅通。如停止呼吸，应立即进行人工呼吸。轻度征象者，由同伴搀扶慢走，并进行深呼吸，即可消除症状；重症患者，经临场处理后，应送医院治疗。

4. 预防

不要在饥饿情况下参加剧烈运动；疾跑后不要立即停下来；久蹲后也不要突然起立；平时要加强体育活动，以增强体质。

六、中暑

1. 原因

在高温环境中，特别是在温度高、通风不良、头部又缺乏保护，被烈日直接照射的情况下进行体育活动，因体温调节功能障碍易发生中暑。

2. 征象

轻度中暑，出现面部潮红、头晕、头痛、胸闷、皮肤灼热、体温升高等症状。严重时，将出现恶心、呕吐、脉搏快而细弱、精神失常、虚脱抽搐、血压下降，甚至昏迷等症状。

3. 处理

迅速将患者移至通风、阴凉处，解开衣领，冷敷额部，用温水擦身，并给予含盐清凉饮料或十滴水，数小时后即可恢复正常。严重患者，经临时处理后，应迅速转送医院治疗。

5. 预防

夏天在室外锻炼时，宜穿浅色衣服，戴遮阳帽；在室内锻炼时，应有良好的通风，并注意服饮低糖含盐饮料。

七、运动性贫血

我国成年健康男性每100毫升血液中含血红蛋白量为12.5～16克，女性为11.5～15克。若低于这一生理数值，就会被视为贫血。因运动引起的这种血红蛋白量减少，被称为运动性贫血。

1. 原因

①运动时机体对蛋白质与铁的需求量增加，一旦需求量得不到满足时，即可引起运动性贫血；②运动时，脾脏释放的溶血卵磷脂能使红细胞的脆性增加，加上剧烈运动时血流加快，易引起红细胞破裂，从而导致运动性贫血；③少数学生由于偏食或爱吃零食，影响正常营养摄入，或长期慢性腹泻，影响营养吸收，运动时常出现贫血现象。

2. 征象

运动性贫血发病缓慢，平时表现为头晕、恶心、气喘、体力下降，运动后表现为心悸、心率加快、脸色苍白等。

3. 处理

如运动中（后）出现头晕、无力、恶心等现象时，应适当减少运动量，必要时暂停运动。补充富含蛋白质和铁的食物，口服一些补铁的药物和维生素，对缺铁性贫血的治疗有明显的效果。

4. 预防

锻炼时，要遵循循序渐进原则，并克服偏食习惯。

八、游泳性中耳炎

1. 原因

游泳时，当水进入外耳道后，使鼓膜泡软，可引起鼓膜破损，细菌进入中耳而形成。此外，游泳时呛水，细菌也可能从咽鼓管进入中耳而引起鼓膜破损。

2. 征象

表现为耳内剧烈疼痛，有时还会引起发热和头痛，也可见黄色液体从外耳道流出。

3. 处理

停止游泳运动，用生理盐水和络合碘清洗消毒，送医院治疗。

4. 预防

游泳时可用耳塞堵住外耳道口，防止水进入耳道内。若耳内灌水，可采用头偏向耳朵有水一侧，用同侧腿进行原地跳的方法使水震动排出，然后再用棉花擦干外耳道，切忌挖耳。患感冒、上呼吸道感染时应停止游泳。

第三节　运动损伤与处理

在体育运动中发生的损伤统称为运动损伤。体育运动以增强体质、增进健康为目的，而运动损伤将影响锻炼者的健康、学习、工作和生活。了解运动损伤发生的原因和发病规律，贯彻预防为主的方针，采取有效的安全措施，就能最大限度地减少或避免运动损伤，保证身体健康和运动锻炼的正常进行。

一、运动损伤的原因

造成运动损伤的原因是多方面的，既有锻炼者运动基础、体质水平方面的原因，也有运动项目特点、技术难度方面的原因，还有活动内容安排、运动量、运动环境等方面的原因，概括起来有以下几点。

1. 思想麻痹大意

这是所有运动损伤中最主要的原因。其中包括对预防损伤的意义认识不足，运动前不检查器械，预防措施不力，好胜好奇，常在盲目和冒失的运动中致伤。

2. 准备活动不足

运动前不做准备活动或准备活动不足，使人体机能未达到运动状态，肌肉弹性力差，韧带伸展和关节活动范围小，以及身体协调性低下而致伤。

3. 运动情绪不适宜

运动情绪低下或在畏难、恐惧、害羞、犹豫以及过度兴奋、过分紧张时，都可能发生伤害事故。

4. 缺乏运动经验与自我保护能力

由于缺乏运动经验和自我保护能力而致伤。例如摔倒时用肘部或直臂撑地，造成尺（或桡）骨或肘关节损伤。由高处跳下时，用脚跟落地或屈膝缓冲不够，易造成腿部、腰部或内脏震伤。

5. 技术上的缺点和错误

例如排球传球时，由于手型不正确引起手指扭挫伤；学习跳马（箱）时，助跑速度过快，向前冲力过大，或助跑与踏跳不协调，致使身体前冲摔倒，等等。

6. 内容组合不科学，运动量安排过大

在一次运动锻炼过程中，没有科学地安排好身体各部位练习的组合，导致局部负担过重而造成损伤；运动量安排过大，造成机体疲劳，从而对动作控制能力降低而引起受伤。

7. 纪律松懈或组织不严密

纪律松懈，特别是在场地狭窄、人员拥挤的地方，任意冲撞，造成伤害事故；有的因组织方法不当致伤。

8. 运动环境不好

运动场地高低不平，器械安装不坚固或年久失修，又缺乏保护措施；运动时的服装不符合要求；空气污浊、噪声大、光线黯淡、气温过高或过低等，都能成为致伤的原因。

9. 身体状况不佳

身体疲劳或睡眠、休息不好，带伤带病或伤病初愈，身体机能相对较低，在这时进行运动，如不适当地降低练习的强度和难度，很容易致伤。

10. 身体的弱点与技术动作的特殊要求不适应

身体的弱点与技术动作的特殊要求不适应，例如膝关节在处于半蹲位时，周围的韧带较松弛，关节稳定性相对减弱，在完成伸膝发力和屈膝的落地缓冲时易发生伤害；小腿在屈膝情况外展而突然伸直更易发生伤害等。

二、运动损伤的预防

1. 加强运动安全教育

克服麻痹思想，强化预防损伤的意识。

2. 认真做好准备活动

对可能发生运动损伤的环节和易伤部位，要及时制订预防措施。

3. 合理安排运动量

做练习时防止局部运动器官负担过重。

4. 加强保护与帮助

在加强同伴间的相互保护与帮助的同时，特别要加强和提高自我保护能力。如摔倒时，立即屈肘、低头、团身滚动；由高处跳下时，用前脚掌着地，同时屈膝缓冲等。

5. 加强易伤部位的锻炼

这是一种预防效果较高的积极的手段。如为预防关节扭伤，应增强关节周围肌肉、韧带的力量、强度和柔韧性，以加强关节的稳定性。为防止肌肉拉伤，在发展肌肉力量的同时，还应注意发展肌肉的伸展性。

三、常见运动损伤的处理

（一）软组织损伤

软组织损伤可分为开放性损伤和闭合性损伤两类，前者有擦伤、撕裂伤、刺伤等，后者有挫伤、肌肉拉伤、肌腱腱鞘炎等。

1. 擦伤

（1）原因与症状。因运动时皮肤受挫致伤。如跑步时摔倒，体操运动时身体摩擦器械受伤，擦伤后皮肤出血或组织液渗出。

（2）处置。小面积擦伤，用红药水涂抹伤口即可；大面积擦伤，先用生理盐水洗净，后涂抹红药水，再用消毒布覆盖，最后用纱布包扎。

2. 撕裂伤

（1）原因与症状。在剧烈、紧张运动时，或受到突然强烈撞击，造成肌肉撕裂，其中包括开放伤和闭合伤两种。常见有眉际撕裂、跟腱撕裂等。开放伤顿时出血，周围肿胀；闭合伤触及时有凹陷感和剧烈疼痛。

（2）处置。轻度开放伤，用红药水涂伤口即可；裂口大时，则需止血和缝合伤口，必要时应注射防止破伤风的药物，以防破伤风症；如肌腱断裂，则需手术缝合。

3. 挫伤

（1）原因与症状。因撞击器械或练习者之间相互碰撞而造成挫伤。单纯挫伤在损伤处出现红肿，皮下出血，并有疼痛；内脏器官损伤时，则出现头晕、脸色苍白、心慌气短、出虚汗、四肢发凉、烦躁不安，甚至休克等症状。

(2) 处置。在24小时内冷敷或加压包扎，抬高患肢或外敷中药。24小时后，可按摩或理疗。进入恢复期，可进行一些功能性锻炼。如果怀疑内脏损伤，则在作临时性处理后，应送医院检查和治疗。

4. 肌肉拉伤

(1) 原因与症状。通常在外力直接或间接作用下，使肌肉过度主动收缩或被拉长引起肌肉拉伤。特别是由于准备活动不充分，动作不协调以及肌肉弹性、伸展性、肌力差者更

易拉伤。损伤后伤处肿胀、压痛、肌肉痉挛，触诊时可摸到硬块。严重的肌肉拉伤是肌肉撕裂。

(2) 处置。轻者可即刻冷敷，局部加压包扎，抬高患肢。24小时后可施行按摩或理疗。如果肌肉已大部分或完全断裂者，在加压包扎急救后，应立即送医院手术治疗。

(二) 关节、韧带扭伤

1. 肩关节扭伤

(1) 原因与症状。一般因肩关节用力过猛以及反复劳损所致，也有的因技术错误，违反解剖学原理而造成损伤。如投掷、排球扣球和大力发球时常出现这类损伤。其症状有压痛、疼痛，急性期有肿胀，慢性期三角肌可能出现萎缩，肩关节活动受限。

(2) 处置。单纯韧带扭伤，可冷敷、加压包扎。24小时后可采用理疗、按摩和针灸治疗。出现韧带断裂时，应立即送医院缝合和固定处理。当肩关节肿胀和疼痛减轻后，可适当进行功能性锻炼，但不宜过早活动，以防转为慢性疾病。

2. 髌骨劳损

(1) 原因与症状。髌骨具有保护股骨关节面、维护关节外形和传递股四头肌力量的作用，是维护膝关节正常功能的主要结构。髌骨劳损是膝关节长期负担过重或反复损伤累积而成的，也可一次直接外力撞击致伤，如篮球滑步急停、跳高和跳远时踏跳不合理或摔倒受击，都可导致这种损伤。

(2) 处置。采用中药外敷、针灸、按摩等。平时加强膝关节肌群力量练习，如采用高位静力半蹲，每次保持3～5分钟即可。伤情好转时，可逐渐增加时间，每日进行一次。

3. 踝关节扭伤

(1) 原因与症状。运动中跳起落地时失去平衡，使踝关节过度内翻或外翻致伤，在准备活动不充分、场地不平坦的情况下，更易造成这类损伤。主要症状为伤处疼痛、肿胀，韧带损伤处有明显压痛、皮下瘀血。

（2）处置。受伤后，应立即冷敷，用绷带固定包扎，并抬高伤肢。24 小时后，根据伤情采取综合治疗，如外敷伤药、理疗、按摩等，必要时作封闭疗法。待伤情好转后，施行功能性练习。对严重者，可用石膏固定。

（三）急性腰伤

（1）原因与症状。运动时，身体重心不稳定或肌肉收缩不协调，引起腰部扭伤。多数因腰部受力过重，或脊柱运动时超过了正常生理范围。例如：挺身式跳远中，展体过大；举重上挺时，过分挺胸；跳水时，下肢后摆过大，都有可能造成腰部扭伤。损伤后，当场疼痛，有时听到瞬间“咯咯”响声，有时出现腰部肌肉痉挛症状或运动受限。

（2）处置。腰部急性扭伤后，让患者平卧，一般不应立即扶动。如果剧烈疼痛，则用担架抬送医院诊治。处理后，应卧硬板床或腰垫一枕头，使肌肉韧带处于放松状态。也可针灸、外敷伤药或按摩。

（四）关节脱位

（1）原因与症状。因受外力作用，使关节面失去正常的连接位（或称脱臼）。严重的关节脱位，伴有关节囊撕裂。关节脱位后，常出现畸形，与健肢对比不对称，因软组织损伤而出现炎症反应，局部疼痛、压痛和关节肿胀，并失去正常活动功能，甚至发生肌肉痉挛等现象。

（2）处置。用长度和宽度相称的夹板固定伤肢。如果没有夹板，可将伤肢固定在自己的躯干或健肢上，防止震动，随后及时送医院治疗。必须注意，如果没有把握做整复处置时，切不可随意做整复手术，以免再度伤害。

（五）骨折

（1）原因与症状。运动中，身体某部位受到直接或间接的暴力撞击时，造成骨折。例如：在踢足球时，小腿被踢，造成胫骨骨折；摔倒时，手臂直接撑地引起尺骨或桡骨骨折；跪倒时，可造成髌骨骨折等。骨折是比较严重的损伤，但发病率很低。骨折分不完全性骨折和完全性骨折两种。常见的骨折有肱骨骨折、前臂骨骨折、手骨骨折、大腿骨骨折、小腿骨骨折、肋骨骨折、脊柱骨折等。骨折发生后，患者立即出现肿胀，皮下瘀血，有剧烈疼痛（活动时加剧），肢体失去正常功能，肌肉产生痉挛，有时骨折部位发生变形，移动时可听到骨摩擦声。严重骨折时，伴有出血和神经损伤、发烧、口渴，甚至休克等全身性症状。

（2）处置。若出现休克时，应先进行处理，即点按人中穴，并进行口对口人工呼吸或心脏外按摩；若伴有伤口出血，应同时止血和包扎。骨折后暂勿移动患肢，应用夹板或其他代用品固定伤肢，及时护送医院检查和治疗。

（六）脑震荡

（1）原因与症状。脑震荡是指头部受外力打击后，使大脑管理平衡的膜半规管、椭圆囊、球囊等感受器机能失调，直到引起意识和机能的一时性障碍。在体育活动时，两人头部相撞，或撞击硬物，或从高处跌下时头部撞地，都可造成脑震荡。致伤时，神志昏迷，脉搏徐缓，肌肉松弛，瞳孔稍大但能对称，神经反射减弱或消失；清醒后，患者常有头痛、头晕、恶心呕吐感；平时情绪烦躁，注意力不易集中，耳鸣、心悸、多汗、失眠、记忆力减退；等等。

（2）处置。立即让患者平卧，头部冷敷。若有昏迷，即指压人中、内关、合谷穴；若呼吸发生障碍，立即进行人工呼吸。经上述处理后，仍然出现反复昏迷或耳、鼻、口出血，两瞳孔放大，又不对称时，表明病情严重，应立即护送医院治疗。在运送途中，要让患者平卧，头部固定，避免颠簸。脑震荡一般都可自愈，无须住院治疗，但要注意休息和必要的药物治疗，保持情绪稳定，减少脑力劳动。在恢复过程中，可定期做脑震荡平衡试验，以检查病况进展。其方法是闭目、单腿站立、两臂平举。如果能保持平衡，表明脑震荡已基本治愈。这时，可适当参加体育活动，但要避免滚翻或旋转性动作。

四、运动损伤的急救

（一）急救的意义和原则

对体育运动中发生的严重损伤进行及时、正确的临时性处理，可减轻患者痛苦，减少并发症和感染，并为转送医院进一步治疗创造条件，这对保证生命安全具有十分重要的意义。急救是一项技术性、判断性很强的工作，急救时必须遵循如下原则。

1. 抓住主要损伤，先急后缓

现场急救时，如果同时出现多种损伤，必须抓住主要损伤进行急救。如果发现休克，应先施行抗休克急救——针刺人中、内关穴，并及时进行人工呼吸；如果伴有出血，应同时施行止血治疗，然后对其他损伤进行处理。

2. 判断准确，实行正确的急救技术

急救人员要正确判断损伤性质和程度，并实行正确的抢救技术。

3. 分秒必争，临危不惧

急救时必须分秒必争，临危不惧，当机立断，切勿延误时机。抢救有效后，应尽快转送医院进一步治疗。在运送途中，要保持患者平稳安静，随时观察病情，必要时继续进行人工呼吸。

（二）急救方法

急救技术有止血法、人工呼吸法和搬运法等几种。

1. 止血法

（1）冷敷法。这种止血法常用于急性闭合性软组织损伤，最简便的方法是用冷水冲洗或用冷毛巾敷于伤处，有条件的可使用氯化烷喷射。

（2）抬高伤肢法。把出血的肢体抬高超过心脏水平，这样可降低出血部位的血压，减少出血。

（3）压迫法。其中有指压法、绷带法、止血带法。指压法常用于动脉出血，方法是在出血部位用手指腹直接压迫出血部位。但由于直接触及伤口，容易引起感染，最好敷上消毒纱布后进行指压。也可指压出血部位的上端动脉血管，以切断血流渠道。常用指压法有颌外动脉指压止血法（位于下颌角前 1.5 厘米处）、肱动脉指压止血法、股动脉指压止血法、胫前（后）动脉指压止血法。

在运动和日常生活中，常用鼻出血止血法。即患者取坐位，头微后仰，头后部靠在椅背上，用冷毛巾敷前额和鼻梁部位，手指紧压鼻两侧止血，也可用无菌纱布塞鼻腔止血。

绷带包扎法其方法较多，要根据不同部位和伤势进行不同方法的包扎。如环形包扎法、螺旋形包扎法。另外，还有反折螺旋形包扎法、“8”字形包扎法、三角巾包扎法等。

2. 人工呼吸法

人工呼吸法也有多种，其中以口对口人工呼吸法和心脏胸外挤压法最有效。

（1）口对口人工呼吸法。首先清除患者口中的分泌物或呕吐物，松开衣领、裤带和胸腹部衣服，并及时将患者仰卧，头部后仰，托起下颌，捏住鼻孔，压住环状软骨（压迫食道）以防空气进入胃内。然后急救者深吸一口气，两口相对，将大口气吹入患者口中，吹气后将捏鼻子的手松开。如此反复进行，吹气频率每分钟 16～18 次，直至患者自主恢复呼吸为止。

（2）心脏胸外挤压法。将患者仰卧在木板或平地上，急救者两手上下重叠，用掌根置于患者胸骨下半部，肘关节伸直，借助于全身体重和肩臂部力量，适度用力下压，将胸壁下压 3～4 厘米为宜，随即松手，胸壁将自然回弹。如此反复进行。成人每分钟 60～80 次，小儿用单手挤压即可，每分钟 90～100 次，直至自主恢复心脏跳动为止。必要时口对口呼吸法和心脏胸外挤压法可同时进行。急救者之间应密切配合，两者以 1∶4 频率进行。

3. 搬运法

经现场急救处理后，应迅速和安全地将患者转移到宿舍休息或医院治疗。搬运方法有徒手搬运法，包括扶持法、托抱法、双人椅托法、三人托抱法，以及担架法、车辆运送法等。

五、溺水及其急救

溺水时，水经呼吸道可进入肺内，造成呼吸道阻塞或因吸水刺激，引起喉部肌肉痉挛，导致窒息昏迷。如果时间稍长，则因缺氧而危及生命。

窒息后，患者脸色苍白、眼睛充血、口鼻充满泡沫、四肢冰冷、神志昏迷、胃腹满水鼓起，直至呼吸、心跳停止。急救步骤如下所述。

1. 将溺水者救上岸后，立即清除口腔内异物，并进行倒水处理。

2. 及时进行人工呼吸。

3. 溺水者醒后应立即送医院进一步治疗。在运送途中密切观察溺水者情况，必要时继续进行人工呼吸。

第三章　体育教学的基本理论体系

体育教学是提高学生体育技能的根本方式，同时也是培养学生优秀身体素质和心理素质以及其他能力的过程。要想提供优质的新时代体育教学，首先就要对其基本理论进行了解，为日后的教学实践做好准备。

第一节　体育教学的概念与性质

一、体育教学概念的界定

（一）教学的概念

对于教学概念的理解，可从宏观和微观两个角度来看。

从宏观角度上来说，教学活动属于特殊的教育活动，它是由教学者主导的，以一种或多种文化为内容，对受教者进行教育信息传递行为，以使受教者接受这一文化的活动。概念中的教学者可以是专门从事教育工作的人士，也可以是掌握某种知识的人，而传授的内容既可以是知识，也可以是某种技能。

从微观角度上来说，教学活动就是学校的教学，是由教师作为课堂主导，传授给学生特定文化，最终实现教学统一的活动。教师在教学活动中的地位非常重要，但在现代教育理念下，学生作为另一个教学主体，也应更多地参与教学，成为名副其实的主体，以期实现教融于学、学中有教的教学形态。

综上所述，可基本将教学定义为：一种在教育目的规范下的，由教师和学生共同完成的包含教与学的文化信息或技能的传递活动。

（二）体育教学的概念

体育教学是教学的一种，顾名思义，其所教授的内容主要为体育运动的相关知识与技能。因此，可以将体育教学视为体育内容与教学行为的结合。体育运动内容有着自身鲜明的特点，这些特点也会在教学中得到体现。现如今，在时代的发展和学生对体育技能学习的更多需求驱使下，要求学校体育教学要更加多元，甚至许多在学校中开展的体育形式已经超出了学校体育教学的范畴，如竞技体育训练、社会体育支持等活动。不论其演变的类别有多么多样，其服务学生体育学习需求的本质是始终不变的。

因此，可基本将体育教学定义为：一种由教师和学生共同完成的，以传授体育运动知识和技能为方式，促进学生身心健康和社会环境适应力提升的个性发展教育过程。

（三）体育教学要素的构成

体育教学并非随意进行的教学活动，尽管它往往以较为轻松的方式示人，也不能认为体育教学就是单纯的做游戏和搞体育活动。事实上，体育教学本身具备一切教学活动的要素，这些要素主要有以下八个。

1. 学生。学生在体育教学中是接受教育的一方，是教学活动的主体之一，没有学生的教学是难以想象的，是无法构成教学活动的。可以说，学生是体育教学诸多要素中最活跃的一个。

2. 教师。教师在体育教学活动中是主导者，其主导的方式主要是指导教学活动的开展，并且将自己所掌握的知识与技能传授给学生。教师作为体育教学的另一个主体，也是不可或缺的，缺少教师的教学也是不存在的。在体育教学中，体育教师承担的角色是多元化的，他们不仅是知识与技能的传递者，而且是课程的设计者与实施者。

3. 教学环境。教学环境是支持体育教学活动得以进行的必要条件。体育教学与其他学科教学不同，它总是需要有一定的物质基础予以保障，如良好的场地和设施等。若教学环境不佳，不仅会对教学质量构成影响，而且会增加学生运动性伤病的出现概率。

4. 教学目标。体育教师开展教学活动的依据就是教学目标。没有教学目标的教学活动没有意义，不能引导教学活动。在实际的体育教学中，其目标并不是单一的，而是多层次的，如此才能给予体育教学正确的定向，以及为教学评价提供依据。

5. 教学内容。体育教学中由教师传递给学生的知识与技能，多数是依据教材而来的，而教材就是教学内容的具体体现。体育教学的内容众多，最终选出的内容基本是那些符合社会的要求、学科体系和学生需求的内容。如果没有教学内容的存在，体育教学活动就无法进行知识与技能的传递。

6. 教学过程。在体育教学中，教学的过程是最为核心的要素，其对教学活动给予时间和程序上的支撑，如果没有这种支撑存在，那么也不存在对教学的组织和管理等行为。

7. 教学方法。教学方法，是教师根据教学目标、教师擅长的技能、学生学习能力、教学内容等因素选择的教学技术。教学方法种类较多，只有选择合适的教学方法，才能更有益于学生顺畅地接收教学内容信息。

8. 教学评价。教学评价是依据教学目标制定的，并且也与教师的教学有着一定关系，具体是由教师根据教学目标制定出来的，这些评价指标由教师细化和量化。现代体育教学的评价既包括对学生学习情况的评价，也包括对教师教学情况的评价。

二、体育教学的性质

目前，大多数的观点认为体育教学性质有两种，两种性质的理论更多是融合了体育教学过程的理念而产生的。具体来讲，一种认为体育教学的性质是具有多质的过程；另一种则认为体育教学的性质是认知与身体发展的过程。

（一）体育教学的性质是具有多质的过程

我国学者刘清黎在其主编的《体育教育学》一书中认为，体育教学是一种多质的过程，“从认识论角度看，体育教学过程是一种特殊的认识过程；从结构论的角度看，体育教学过程是在传授体育知识技术，发展体力的基础上最大限度地培养能力，发展学生智能和体能的多层次的动态变化过程；从控制论与信息论角度看，体育教学过程是教与学之间信息传递和反馈的控制过程；从教育心理学的角度看，体育教学过程是以学生认知为基础的全面心理活动过程和以能力为核心的个性心理统一培养、塑造和发展过程；从运动生理与生物化学的角度看，体育教学过程又是遵循人体机能活动变化的规律和人体运动适应的规律，发展学生的体能过程；从社会学角度看，体育教学过程还是对学生进行思想品德教育，完善学生个性的社会性教育过程。”①

（二）体育教学的性质是认知与身体发展过程

《体育理论》一书中，也有对体育教学性质这一问题做出的界定，即认为，“体育教学过程是一个从不知到知、从不完全知到完全知的认识过程；也是发展身体、掌握和提高运动技术的过程。”② 学生在体育教学过程中会以练习一些运动技能作为身体训练的方式，且这种练习也是他们学习、改进，巩固和提高其体育理论知识和运动能力的方式。

---

① 刘清黎．体育教育学［M］．北京：高等教育出版社，1994.

② 体育理论编写组．体育理论［M］．北京：人民体育出版社，1987.

第二节　体育教学的特点与功能

一、体育教学的特点

体育教学与其他学科教学有许多相似的特点，首先，它们都属于教师与学生的双边活动，这是所有教学活动的共性。教师与学生在教学活动中产生频繁的各种形式的交流，如语言上的交流和肢体动作的交流等。以往这种交流更多是从教师流向学生的方向，现代教学开始注重这种交流从学生流向教师的方向，不过教学仍旧依靠教师对学生在某种知识和技能方面的传授；其次，以班级为单位开展教学活动也是共性，只不过有些时候这个班级的组成方式会根据不同需求有不同的编排，如可以根据基础不同组成的班，或是根据学生的不同兴趣组成的体育教学班等；最后，体育教学与其他学科教学的目的也是有共性的，都是为了传授某种知识或技能。

参加体育活动对于学生身心发展具有很好的作用，特别是对于正处在身体发育旺盛期的儿童及青少年有更加重要的意义。在结合了体育教学的性质后，可以把体育教学独有的特点归纳为以下几点。

（一）体育知识的传承性

体育是以身体锻炼为主要形式的教育活动。如果从教与学的角度来说，可以将体育知识形容成一种“身体的知识”。这种知识伴随着人类的发展而发展，在不同时期都有它的发展形式，如在原始社会，身体的知识就是人类通过走、跑、跳、投、打等动作捕获猎物或逃避猛兽的追捕等行为。而在现代社会中，体育知识的传承内容变成了某项体育运动或体育技能，如足球、篮球、排球、乒乓球、游泳、田径和武术等专项运动技能。

现代教育越发注重教学过程中学生的主体性和“以人为本”的教育理念。人们对这种理念的追求使得人类自我认知回归，不仅体现了体育教学的特殊性，而且给予了体育教学知识传承的特殊意义。

从这个层面来看，这种体育教学所传承下来的体育知识已经超越了简单的模仿行为，而将更多的相关文化也融入其中。这些体育文化才是体育运动、体育教学等获得长久传承的动力和灵魂。

（二）教学过程的直观性

体育教学的讲授方法基本与其他学科的教学一致，直观性特点却体现在很多地方，如

第四章　多元视角下体育教育概述

近年来，随着我国体育教育的发展，体育课程内容也在逐步优化，对促进学生综合素质的发展、教师综合素质的提升有着显著的作用。因此，本章基于多元化视角下对体育教育进行综合研究。

第一节　人类发展视角下体育教育

一、人类生存需要与体育

国外有关专家提出了需要层次论，深刻地揭示出人类自身需要的本质。人类五个层次的需要与人对体育教育的需要本身有着内在的联系。这是体育教育本质功能的表现，无论是自我价值实现、自我尊重的需要，还是自我安全、社交的需要，都与体育教育有着广泛的联系。

人类的生存需要除了人能动地改造物质世界以满足自身外，还有人类生存需要所反映出的客观性，人不得不受到由生存条件、生存能力、生存方式所决定的生存状态的影响和制约。人类如何生存发展，需要解决人类怎样掌握生存和发展所必备的知识、技能以及形成各种本领、养成良好习惯等问题。体育教育应在解决人类所需的这些实质性问题上发挥自身的独特作用。体育教育从目的来看，应是为人类身心健康与人的发展服务的；从过程来看，应是一种有效地掌握体育基本知识、技术和技能体育以及卫生保健常识、技能的学习过程，是一种教与学的过程；从内容来看，应包含人类生存与发展所需要的各种生存能力的形成与提高的内容。

每个人都具备基本的活动的能力，不过这些活动仅仅是运动的原始状态，包含体育运动要素中的一部分，而不是全部。它与自发的本能需要有关，并未构成科学性体育运动。它的本质理应是让人们通过一般教与学的活动过程，掌握知识、技能以及科学锻炼身体的方法，学会人类生存与发展所必备的某些生活能力和本领。只有这样，才能达到体育为人类生存发展服务的终极目的。体育教育过程应是一种理论、实践、再理论、再实践的过程。将人们掌握的体育知识、技术和方法以及体育卫生保健常识和技能运用于体育运动实践和人类生活实践，这是体育教育的根本特征。

人的需要与人对体育教育的需要有着多方面的联系。随着社会的进步，体育（广义）功能也在不断拓展。这种拓展意味着体育教育与人们在社会生活方面的联系日益加强，意味着体育教育在满足人类生存与发展的需要方面，无论在广度上还是深度上都在不断地拓展。这就要求人们在体育教育发展中，充分考虑社会需要与个人需要的结合、物质需要与精神需要的平衡、短期需要与长远需要的兼容等问题。从现阶段社会发展的趋势看，学校体育的着眼点应放在培养学生的生存能力、自我指导锻炼能力、体育运动能力等方面。其中，学校使学生学会和掌握各种基本的生活技能，养成各种良好的生活习惯，这对于学生适应生活、更好地生活具有重要的现实意义。

二、健康生活与体育

体育运动不仅对人体生理机能的改善有着特殊作用，而且在促进人的心理健康方面有着特殊作用。从心理上讲，体育锻炼有缓解压力的作用，能保护心血管和免疫系统免受压力的影响。研究发现，长期锻炼能够改善心情。令人愉快的锻炼一般能使人得到情绪上的改善，有助于缓解生活压力。体育活动是放松的重要方法，能缓解日常生活的压力，防止压力致病。可以说，体育活动是快节奏生活中的心理调节器。

体育运动是一种能给人带来丰富情感体验的活动。在体育运动中，人们追求积极向上的荣誉感和人与人之间相互交往的亲和感。体育运动向人们提供的情感体验是复杂多样的，满足了现代人对情感的多方面需求。在社区体育里，人们可以得到对集体、礼团的信赖感、依托感；在家庭体育里，人们可以在和睦欢乐的气氛中享受天伦之乐，获得归属感和稳定感；在休闲体育里，人们能感受到愉悦感和快感。由此可见，体育运动是人们情感方式现代化、行为方式现代化的积极渠道。

未来社会是知识密集型的高智能社会，知识不断更新，竞争日益激烈，需要大批具有健康体魄、创造精神和开拓精神的人，体育对培养、锻炼这种人才有着独特和重要的作用。富有挑战性的竞技运动成为人们文化活动的重要内容，使人们受到精神鼓舞，增强征服自然、改造自然的信心。知识经济时代是一个物竞天择、适者生存的时代。体育运动可以培养人们“重在参与”“公平竞争”的良好意识和品德，以及勇于探索、乐于创新的积极心态。因此，长期坚持体育学习和运动，有利于形成“健康第一”“公平竞争”“开拓创新”等积极向上的价值观念。

现代文明的历史是人类不断征服自然、改造自然的历史，即“自然的人化”的历史。

随着现代生活方式的改变，人类日益意识到自己与自然的疏远。尊重自然、热爱自然、渴望与大自然融为一体，成为人们生活的必然选择。与此相适应，产生了大量非功利性的体育项目，如漂流、定向越野、攀岩、探险、登山等，极大地满足了人们挑战自然、挑战自我的需要。

超越自我、完善自我是体育运动与生俱来的理念。经常参与体育运动有利于培养人的创新精神，从而使人保持乐于接受新鲜事物、积极创新的良好心态。参与体育运动，是人们抒发情感的积极而良好的方式。

因此，就人的持续发展而言，身体的健康与否不仅影响其一生的发展，而且直接影响着下一代人的健康问题，这也是可持续发展所关心的代际、代内协调发展问题。

三、文化素质与体育

体育是人类独有的社会文化现象。众所周知，一切动物都会运动，一些动物甚至具有相当高的运动素质和技巧，但是其运动完全出于自身生命本能，其运动方式仅受它们所处的自然环境的影响。所以，动物的任何运动都不能视为体育，而人则不同。人不能像其他动物那样完全依靠具有特定功能的器官本能地生存，而必须运用自己的智慧制造和使用工具，改造自然环境，使自然界为自己的生存和发展服务。同时，还要积极地通过身体运动改善自己的身心机能，使其提供某些类似于其他动物的生存技能（如能跑善跳、攀登、游水、爬越等)，从而在一定程度上强化自己器官功能的弱势，扩大活动范围。可见，人类的体育不仅是出于动物本能而进行的运动，而且是人类在漫长的生活和生产过程中，通过专门设计的身体运动和游戏，达到增强体质、提高竞技水平和丰富社会生活的目的的一种独特的社会文化现象。

正因为体育是一种独特的社会文化现象，所以它才能在人类社会长期存在和不断发展，得到了不同民族和国家人们的喜爱和广泛认同，而且发展的空间、影响和作用也越来越大。这充分说明了体育对人类社会有着重要的作用，具体表现在增强人们的体质，强国强种；培养人们勇敢顽强、克服困难、超越自我的意志品质；培养人们竞争、团结、协作的社会意识；丰富个人和社会的文化生活，提高人们的生活质量；为社会提供和构建公平、公开、公正的价值体系和价值标准。在现代社会，体育的社会化功能日益受到重视，身体教育、运动教育是传授生活技术、技能的重要手段。体育运动向人们提供了社会规范教育的场所和实践社会规范的机会，不仅可以引导人们融入社会共同的价值观念体系，而且可以给学生分配“社会角色”，提供尝试社会角色的各种机会，促进其个性的形成和发展，促进人的社会化。

第二节　科技发展视角下体育教育

现代科学技术已经渗透到体育运动的各个领域，成为推动体育发展的重要因素。科学技术发展水平在一定意义上决定着各种社会活动的发展进程。没有伴随着工业革命产生的一系列科学技术革命，现代奥林匹克运动就不可能产生。没有近一个世纪以来世界科学技术的飞速发展，体育运动也不会有今天的这种规模、辉煌和影响力。

一、科学技术与体育的关系

（一）科学技术促进体育发展

体育作为一项重要的社会文化现象，在运动技术、体育设备、体育价值观念发展方面无不受到科学技术的强烈影响，无论是从提高体育运动的竞技水平还是从提高运动员的健康水平的角度来看，建立科学、文明、健康的生活方式，更新人们的体育观念，都离不开科学技术的支持。

1. 科学技术对运动技术的推进作用

现代科学技术的迅猛发展对体育产生了前所未有的影响，科学技术已经成为决定当代体育发展的重要因素。“背越式跳高”技术、“高航式”蛙泳技术、“弧旋球”乒乓技术等的发明都给各自的运动项目带来巨大的改变。新材料、新器械的使用引起了技术动作的革命性变化和运动成绩的大幅度提高，如射箭运动用的弓、箭，速滑运动使用的新型活动刀托，“塔当跑道”，用玻璃钢尼龙制成的“撑竿”以及“鲨鱼皮”泳装等，对竞技运动的发展产生了巨大的推动作用。此外，现代科学技术对运动技术的诊断、创新也起到了积极的作用，为运动技术的身体姿势、动作轨迹、动作时间、动作节奏等结构要素的分析、诊断提供了切实的保障，并为技术的改进与创新奠定了基础。

2. 体育设备的科学革命

随着科学技术的不断发展和广泛应用，科学技术也越来越广泛地向体育器材领域渗透，出现越来越多利用新材料、新技术、新工艺制作的先进体育器材设施。科学技术的进步使许多依赖运动器材进行的比赛项目有了较大的发展与提高，如塑胶跑道、人工草皮等都是科技在竞技体育中的运用，也为人类在体能、技能及其他方面挑战极限提供了便利条件和可靠保证，显示了科技在竞技体育中的威力。另外，现代科学技术促进了运动训练器材的发展，如网球机器人、乒乓球发球机、柔道机器人、摔跤机器人、拳击机器人的成功研制与广泛应用，使训练的效率得到明显的提高。高原模拟训练房通过控制氧气浓度等手段，可以模拟海拔500米至5000米的高原低压低氧的训练环境。这些新的设施与技术能够帮助人们科学、动态地掌握各种训练数据和参数，为运动技术的提高和制订科学、合理的训练计划提供了有力的支持，从而提高了运动训练的效果。

3. 科学促进体育价值观念改变

体育价值观念是指社会个体以自我为中心对体育存在的评价的总和，是人们对体育这一社会现象的价值取向。生存环境的恶化、资源的枯竭或短缺、土地的沙化和“城市病”的大规模蔓延，造成严重的社会问题，引起人们深刻的反思，也影响到社会的良性运转和人类自身的健康发展，所以体育界提出了“绿色体育”“生态体育”“可持续发展的体育”等概念；由于知识、信息在社会发展中的突出地位与作用，又有“知识体育”“信息体育”的新提法；日益发达的网络技术对社会和体育也产生了重要影响，因而又出现了“数字化体育”的概念。这些新的概念与提法都顺应了科学技术的发展。

（二）体育与科学联姻形成体育科学

现代体育科学是随着现代体育和现代科学技术的发展而兴起的。随着19世纪末工业革命而进入现代体育新的历史阶段，越来越多的现代科学技术被应用于体育运动。无论在提高竞技体育的运动技术水平方面，还是在促进青少年德育、智育、体育的全面发展和保持人类健康水平、防治各种“现代文明病”等方面，许多学科（如医学、解剖学、生理学、生物力学、生物化学、运动学、社会学、心理学、教育学、哲学、美学、伦理学、法学等）都为了解决体育运动中所面临的问题而与体育结合，逐步向体育科学渗透，形成了体育科学中各个学科的专门知识体系，如体育教育学、体育社会学、体育哲学等。

（三）科学的发展赋予体育重要的地位

科学技术的发展推动了社会各个领域的进步，将人们从繁重的体力劳动中解脱出来，用脑力劳动代替了体力劳动。随着科学技术的发展，人类的物质生活水平有了很大程度的提高，同时“现代文明病”也开始出现。为了解决“现代文明病”，体育健身功能被提到前所未有的高度，群众健身热潮一浪高过一浪。

科学技术变革引起生产方式变革和劳动结构的变化，从而大大提高了生产效率，使人们有了更多的闲暇时间。闲暇时间是开展社会体育活动的重要前提。在闲暇时间里，人们把参与体育健身视为一种时尚和潮流，因为参与体育健身可以满足强身健体、愉悦心情、交流沟通、融洽邻里关系等要求。

科学技术发展推动社会经济发展，为体育尤其是奥林匹克体育的发展奠定了强大的经济基础，使全世界刮起了体育风。在科学技术和现代媒体的作用下，这股体育风吹进了世界上的每一个角落。世界的发展离不开体育，在欧美一些同家，体育产业已经成为国家经济的支柱性产业之一。

科学技术和现代媒体加快了体育的传播速度，使人们的生活更加精彩纷呈。过去人们不曾看过的、不曾想过的一些精彩体育运动，人们通过现代媒体都可以看到，体育已经成为人们生活中不可或缺的重要组成部分。

二、体育科学化的作用

（一）体育科学化有利于促进体育发展

1. 科学技术进步促进竞技体育运动的发展

计算机技术、材料科学、生物力学、现代心理学和生理学等现代科学技术在竞技体育中的广泛应用，在运动员动作设计、动作分析以及身体素质的提高、伤病恢复等方面给予运动员巨大的支持，对运动员成绩和比赛水平的提高起到了关键性的促进作用。另外，科学技术革命成果也对竞技体育的科学管理产生了很大的影响，计算机等现代信息技术手段已经被大量应用于体育赛事和体育组织的管理中。

2. 从体育发展史中看科学技术革命的推动作用

人类古代的体育活动中比较具有代表性的是古希腊的奥林匹克运动会，从公元前776年到公元393年，共经历了1000多年，它是现代奥林匹克运动的渊源。在古奥林匹克时代，人类的生产力水平还比较低下，科学技术还未成为人们解释自然现象、推进生产力发展的主要方式，体育运动也往往与宗教活动联系在一起。随着人类科学技术水平的不断提高，科学逐渐开始影响人类生活的方方面面。无论是劳动工具、劳动对象还是农耕纺织、天文星象，都受到了影响，当然也包括体育活动。19世纪初的第二次科学技术革命使电气化、机械技术和通信技术广泛应用于人们的生产与生活中，由此引起的产业革命大大提高了人类的物质生产力，使人类文明向前迈进了一大步。而正是在这种基础上，体育才摆脱了长期的禁锢和束缚，取得了伟大的突破。20世纪是科学技术以前所未有的速度发展的世纪，以计算机技术、核能技术和航天技术为代表的人类第三次科学技术革命深深地改变了人类的生产生活方式，使人类文明获得了空前的发展。依托于这种力量，体育也呈现出一种加速发展的态势。21世纪初，信息技术和生物工程的蓬勃发展又揭开了人类第四次科学技术革命的序幕。纵观当代体坛，竞技运动场早已不仅仅是运动员们之间的斗智斗勇，而且是各国各队科学技术水平的角力。科学技术的高度发达带给人们越来越多的财富与余暇，使广大民众能够走上运动场，享受体育带来的快乐。

3. 科学技术进步促进群众体育的发展

群众体育追求的是社会体育人口的增加和国民体育素质的增强，因此，群众体育通常有着较为简单易学的形式、便于开展的内容，以便在民众中普及。就群众体育运动形式本身而言，它对科学技术含量的要求并不高，但这并不意味着科学技术对于群众体育的发展没有意义，相反，它仍然以其无所不在的力量影响着群众体育的发展进程。

（二）体育科学化有利于发挥体育功能

教育和强身健体功能是体育最主要的功能，其中体育的教育功能更为重要。在不同的时代，体育被社会赋予的教育意义也有所不同。对年轻人来说，体育的教育功能就是要让学生爱党、爱国和为国争光；就是要让学生学会吃苦和磨炼意志，接受党和人民交给的光荣任务；就是要让学生加强体育锻炼、努力学习，以迎接未来的挑战。

随着体育科研水平和体育科学化程度的提高，人们对自己的身体有了一个比较科学的认识并能合理科学地参加体育锻炼，实现体育的健身功能；随着体育科学体系的逐步完善，竞技体育、群众体育、学校体育的训练方法、手段，运用的科学技术，实施的体质检测分析等方面越来越科学化、系统化，更加凸显了体育育人功能的整体性、全面性；随着科学技术成果在体育领域的广泛应用，人文科技的体育器材更适合人类健身，各种体育媒体加快了体育的传播速度，延伸了体育传播的广度，使人们在选择体育活动时有了更大的选择空间。这些都有效地促进了体育功能的发挥。

（三）体育科学化有利于实现体育教育目的

教育是21世纪的主题，没有教育，就没有人类的发展和进步，人类正是在不断发展中总结经验，把经验转变成科学知识、理论，再用科学的知识、理论指导人类向前发展的。19世纪末和整个20世纪，科学的发展极大地推动了教育的发展和进步，使人类知识呈裂变式骤增。在这样的条件下，靠传统的教育方法和条件已经不能解决人类知识的传承问题，这就要求运用现代科学的手段、方法和先进的教育设备实现教育科学化，最终达到教育所提出的更高的要求。体育教育作为教育的重要组成部分，同样需要科学技术的支撑，才能更好地实现体育的教育目的。

三、加快科学技术向体育转化，落实科教兴国

国际竞争表面上是军事、经济等领域的竞争，实际上是科学技术的竞争。科学技术的基础是教育，教育的最终目标是培养德、智、体等全面发展的人才，而体育则是培养合格人才不可缺少的重要手段。

现代体育分为竞技体育、群众体育和学校体育。

竞技体育每项新的成绩、新的纪录、新的高难技术的诞生，既作为一种人体文化，记录着人类的潜能，也记录着社会经济、政治、科学、教育的发展程度。在竞技体育中提倡的公正、民主、团结、协作、谦虚、友谊、诚实等道德观念对青少年乃至全体社会成员都具有教育意义。

群众体育是群众强身健体、消遣娱乐、追求时尚的体育，呈现出社会化、娱乐化和终身化的特征。随着科学技术的发展，劳动生产率的提高，人们有更多的余暇时间参与体育活动。虽然国家对群众体育越来越重视，但在群众体育的科学技术投入上与竞技体育相比依然相形见绌。群众体育活动大多是体育社区或体育民间协会的成员自娱自乐的活动，只有在举办大型体育活动时，群众体育活动才相对组织化。群众体育的教育功能主要体现在强身健体、缓解压力、加强沟通交流、继承传统体育文化等方面。而在这样的背景下，国家很少对群众体育进行科学技术投入。因此，政府和社会应该加大对群众体育的科学技术和资金的投入力度，改善群众体育条件，充分发挥群众体育的教育作用。

为发挥学校体育的作用，实现学校体育促进青少年学生健康发展的使命，笔者认为，首先要重视学校体育，把重视学校体育的条例、法规、政策落实到一线执行人、责任人身上；其次要加强对学校施行相关文件的监督力度，使学校体育工作落到实处，并使其行之有效；最后要把学校体育与科学紧密结合起来，发挥体育在学校教育中的作用。体育是一门科学，学校体育是体育科学体系的一部分。只有把学校体育知识、技术、训练手段和方法科学化，学校体育才能大有作为。

第三节　社会发展视角下体育教育

一、体育终身化——全民健身与高校体育

（一）终身体育

终身教育思想是指人一生中不断接受身心教育的过程。其核心是“个人要学会生存就必须按终身教育的理论来安排自己一生的学习、工作、闲暇和退休生活，只靠学校期间学到的知识和技能已不能适应经济和社会发展的需求”。按照终身教育的观点，体育不应该在正规学校学习结束时便终结，而是每个人终身锻炼的全过程，是学校体育阶段与走出学校后体育阶段相联系的桥梁。①

（二）全民健身

“全民健身计划”是一项在国务院和地方政府领导下，由各级体育部门和有关部门共同负责实施的依托社会、全民参与的、宏大的社会系统工程。其目的在于促进社会主义物

---

① 刘飞．从终身体育教育观看我国高校体育生活化发展［J］．科技资讯，2017，15（17）：236－237.

质文明和精神文明建设，形成崇尚健身、参与健身的社会风气，提高生活的质量，增进国民健康，提高综合国力水平。学校体育是实施全民健身计划的重点，是社会主义教育的组成部分，是全民体育的基础，对建设社会主义精神文明起到积极的作用。

（三）全民健身与高校体育的关系

学校体育在完善人类体质的体育系统过程中占有重要的位置，是进行终身体育的重要环节和基础。在学校体育中，贯彻终身体育思想的核心是培养学生的各种能力，并为培养21世纪所需要的合格人才起到积极的作用，为终身进行体育锻炼打下良好的基础。

学校教育的对象绝大多数是青少年，如果青少年的体质增强，就能从根本上提高我国人民体育与健康水平，从而全面提高民族素质。因此，抓好学校体育工作，不仅能促进学生身体的正常生长发育，增强体质，而且能培养他们对体育的兴趣、体育锻炼的习惯，发展运动能力，为其在走出校园后的阶段进行体育锻炼打好基础，换言之，为学生终身进行体育锻炼打下良好的基础。

学校体育的发展可以扩大体育人口。办好学校教育，不仅可以使学生受到良好的体育教育，而且可以扩大我国的体育人口，促进体育社会化。这对推动我国体育运动的普及、促进全民性健身运动的开展都具有积极作用。

学校体育的发展可以为全民健身运动提供一定的物质基础。体育场地、器材、设备是开展体育工作的物质基础。目前，我国体育设施远远不能适应体育事业发展的需要，有些学校的体育设施比社会上的企事业单位、机关团体的体育设施要好得多，而且随着学校体育工作的进一步发展，必将更加完善。这些场地、器材、设施如果面向社会开放，不仅方便了群众，提高了场地的利用率，而且为全民健身计划的落实提供了一定的物质条件。

全民健身运动在实现人的体育终身化方面，为学校体育的发展提供了良好的前景。众所周知，身体是人存在的物质基础。现代社会的发展对人的健康的要求越来越高，没有健康强壮的身体，是很难适应社会的，而终身体育对增强人的体质及健康有很大作用，能够使人有一个理想的体魄，更好地适应现代社会的需要。学校体育不单单是一种健康教育，它通过知识、技术和技能传授，使学生掌握可终身使用、终身受益的本领。但是这种本领掌握之后，只有经常运用，才能使人终身受益。国内某大学的一项调查表明，我国每周只锻炼一次或几乎不参加体育锻炼的职工高达62.9%，国人参加体育锻炼的情况明显呈现出“两头大，中间小”的形态，即少年儿童、退休老人积极参加体育锻炼，而绝大多数中年人极少参加体育锻炼。这说明人们在学校时能经常进行体育锻炼，但走向社会后却很少进行体育锻炼。有了终身体育的基础，却没有好好巩固，自然得不出体育终身化的结果。全民健身运动正是作为实现人的体育终身化的一种途径而被提倡的，为终身体育奠定了基础。从终身体育角度来讲，全民健身活动的开展为学校体育的发展提供了良好的前景。

全民健身运动极大地提高了社会举办体育活动的积极性，扩大了学校体育的范围，极大地丰富了学校体育的内容。因为学生不仅是学校体育的主体，而且是家庭体育的重要成员、社会体育的一分子。除了在学校接受正规体育教育之外，家庭、社会对他们也有很大的影响。他们可以和家人或社会其他成员共同参加体育活动和竞赛，也可以在学校以外的体育场馆进行体育锻炼，锻炼的内容、形式也随着群众体育的多样化而变得灵活多样。

全民健身运动为学校体育的发展提供了良好的环境，而学校体育的发展对全民健身运动的开展起到了促进作用，两者是相辅相成的，在共同实现人的体育终身化过程中起到了重要的作用。

二、经济共享化——教育资源与高校体育

（一）高校体育资源实现社会共享的价值

高校体育场地是开展体育教学、技能训练、娱乐健身等活动的运动场所。体育场馆资源不仅包括体育场馆设施，而且包括与之配套的教育教学资源。高校体育场馆资源实现社会共享是国家政策的要求，也是满足人民群众日益增长的锻炼需求的重要举措。在当前土地资源紧张的背景下，人们进行优质的公共体育锻炼、训练、培训等的资源极其匮乏，供给不足，致使体育事业产业化发展受到局限。[①] 而高校却拥有比较专业、完善的运动健身场馆，以及相匹配的专业教育教学资源。因此，在保证高校体育教学的前提下，鼓励和倡导闲置的体育场馆资源实现社会共享，不失为当前发展体育产业、促进体育消费、实现全民健身计划的一种有益尝试。

高校体育场馆资源实现社会共享至少有以下几项价值：一是闲置的体育场馆资源向社会开放，可以在一定程度上满足社会对健身场馆的要求，让人们享受高质量的体育场馆服务，推动全民健身事业的发展；二是将体育场馆设施资源向社会开放共享，可以将更多的资金吸引到高校，有利于高校体育场馆的设施维护和再建设，促进学校体育场馆的良性发展，达到双赢的目的；三是高校体育场馆除了具有场地与设施优势外，还聚集了高素质的专业人才，具有人才优势和人文氛围，这是其他场馆无法相比；四是为高校建立创新创业机制提供机遇。在“大众创业、万众创新”的时代背景下，各高校校内场地资源的社会共享为高校教师和学生在校创业提供了广阔的平台，共享经济的发展正在助推传统高校体育场馆资源管理模式不断探索创新，共享让其产生商业价值，其经济效益又可以反过来为教育教学服务，从而形成良性的管理生态。

高校将体育场地对社会开放并不是新鲜事，但是与现在新经济形态相匹配，取得较好

---

① 海天威．共享经济视角下实现高校体育教育资源社会共享探析［J］．当代体育科技 2020.10（8）：227－228.

经济效益的并不多，其中还存在不少问题。例如，管理模式比较单一；场地的管理服务意识和水平无法适应社会需求；营销机制不灵活，缺乏适应市场的宣传手段；缺乏有效的安全保障手段，增加了学校安全管理的难度等。这些问题将阻碍优质的高校体育资源面向社会共享的健康发展。因此，完善高校体育场馆的运营理念，建立健全高校体育场馆的运营机制对促进高校体育场地资源实现社会共享至关重要，并且已经成为高校优化资源配置、实现社会化改革创新的重要影响因素。

（三）高校体育场地资源实现社会共享的路径

1. 建立和完善管理体制和办法，提高开放程度

在共享经济的大背景下，高校体育场馆资源的管理模式有别于传统管理的模式，因而高校有关管理部门和管理者需要拓展研究视域，结合高校自身特点，找准场馆资源与社会需求的契合点，运用共享经济的原理来制定和完善相关的管理体制和办法。目前，高校体育场馆资源的开放程度还不够高，需要切实可行的管理体制作为保障，形成相应的管理模式，助推高校体育场地资源社会共享的健康、可持续发展。

2. 以“互联网＋”技术为基础，构建宣传与互动式信息平台

在共享经济的大背景下，不能单纯地依靠高校实现资源分配，毕竟高校的首要职责仍然是教育与教学。依托第三方信息平台“去中介化”，通过网络“再中介化”实现资源的分配，跨越时空局限将高校资源供给与社会需要相关联、对接，是当下共享经济不可缺少的措施与手段。

综上，共享经济的理念和模式已经陆续走入高校机制和管理创新的视野中。作为崭新的经济业态模式，有的高校已经探索出具有参考价值的探索路径，所以此研究视域不仅具有理论研究的意义，而且具有实践探索的价值。

三、教育国际化——文化传承与高校体育

（一）高校体育文化

1. 高校体育文化的定义

所谓体育文化，是一种以人的体育行为为特征的社会现象，是由人对体育的需要、思想、理论方法等观念形态的内容和外在的各种体育活动以及活动的组织行为（包括活动的规模和设施建设）构成的。体育作为一种独特的文化形式，是社会总文化的重要组成部分，与其他文化现象在内容和功能上有许多相通之处，而特定的文化又与特定的社会制度和社会结构、社会过程和社会变化、社会生活方式有机地交织在一起。它是社会生活现象的浓缩与抽象，有着很强的生活性和逼真的生活模仿性，是生活的一种体验方式。只有当体育与学校教育这种文化现象发生联系时，才构成了以德、智、体、美为中心，并共同作

用于教育对象的完整的教育体系，成为提高高校学生的素质和能力、改善其体质和精神状态、实现人的身心协调全面发展的教育手段，进而成为高校文化建设的重要内容。

2. 高校体育文化的特征

（1）导向性。高校体育文化活动的具体内容丰富多彩，这些丰富的活动内容不仅使高校体育文化活动富有生机，提高了学生的文化素养，而且对学生掌握多种体育知识和方法起到积极的作用。另外，大学生最终将告别校园，走向社会，他们将所学到的知识、所培养的爱好和体育锻炼习惯也一并带入社会，从而有助于全社会体育风气的形成，促进全民健身计划的实施。

（2）渗透性。高校体育文化作为一种意识形态和价值观念，以其浓郁的体育文化氛围培养和造就人才，影响着学生的思维方式、理想追求和行为习惯。高校的教学和科研活动是高校的主体文化，而体育文化则是高校主体文化的必要补充，并在主体文化的推动下渗透到所有领域。因此，高质量、高水平的体育文化对培养学生的创新意识、合作精神和坚强意志有着不容忽视的作用。

（3）时代性。高校体育文化所涉及的范围应是全方位的。从主体上看，所有学生参与其中，包括教书育人、服务育人、环境育人、文化育人等教育方式；从内容上看，既包括精神文化培养、实践能力锻炼，又包括良好品质的养成、思想素质的提高等。20 世纪 50 年代我国实行劳卫制，学校要求学生体育成绩达到等级运动员的标准；20 世纪 80 年代掀起“女排热”；20 世纪 90 年代初期掀起“足球热”；而今推行全民健身计划。国家的每一次活动都深深地影响着学校，甚至成为特定时代高校体育文化的主旋律。

总之，时代的体育精神感染着高校体育文化，高校体育文化又反映着时代的体育面貌。

（4）客观性。高校体育文化是在长期的教育实践中逐步形成的，是一种文化的历史积淀。它是在社会文化环境和学校本身发展的合力作用下形成的。虽然不排除人们的主观努力，但从总体上看是客观的、独立的。教育界有个共识：凡是体育工作有特色、对外声誉高的学校，一般都有优良的健康向上的体育文化。高校体育文化的建设作为一种客观存在的形态，总是会对学校的发展产生或正、或负、或大、或小的作用。

3. 高校体育文化功能

（1）教育功能。高校体育文化在培养社会所需人才的总目标中担负着不可替代的重任，它通过有计划、有组织、有目的的训练、竞赛和课外俱乐部等活动内容，形成一种有意义的高校体育文化氛围。在这些活动中，教师传道、授业、解惑。一方面，他们通过各种形式传播体育文化知识；另一方面，他们又是体育文化建设主体，指导学生朝着健康而有序的方向永无止境地发展，这不仅增长了学生的体育才干，增进其身心健康，而且促使学生树立崇高的理想，锻炼坚韧不拔的意志。

(2) 创新功能。作为高校体育文化的主体，师生不满足于现状，期盼从事创造性的体育活动，继而创造出新的精神产品和文化财富，以符合时代的发展需要。从客观上来说，高校体育文化成为多种文化意识的温床，在这里容易产生新的思想和新的观念，产生强烈的创新意识和表现欲望，迸发新颖的思想火花。例如，有意识、有计划地安排学生制订实施一套健身计划，设计一个趣味游戏，指挥一场足球比赛等，不仅可以培养学生的思维能力和想象能力，而且可以锻炼他们的实践能力和创新能力。

(3) 娱乐功能。在大学里，繁忙的教学科研工作及学习使师生感到焦虑和疲劳，而高校体育文化可以调整情绪，消除疲劳。在丰富的高校体育文化活动中，不管是竞技项目还是休闲项目，普遍都带有浓厚的娱乐色彩，这正适应了师生的生理、心理特点，满足了师生的文化需要。在这些活动中，师生暂时忘掉了工作和学习上的烦恼，缓解了焦虑和紧张等情绪，获得精神愉悦与自由保持了乐观的情绪。

(4) 育人功能。高校体育文化、体育教学以及其他课堂教学等共同担负着育人的责任。丰富多彩的体育文化可以弥补体育教学和其他课程教学的不足，促进学生体育知识、体育技术、体育技能的学习，拓展学生的知识领域，提高学生身体素质、身体机能、体育能力、自我锻炼能力及独立思考能力，也为展现学生个性创造了理想的环境和条件，有利于增强学生的自信心和社会活动能力。

总之，高校体育文化的育人作用主要体现为提高学生的身体素质、思想道德素质和科学文化素质，培养有理想、有道德、有纪律的一代新人。

(二) 国际化背景下高校体育文化建设发展方向

1. 高校体育人文价值观发展方向

现今，政治体育和社会发展已经出现不适应性，建设高校体育文化的本质要求已经演变为对教师和学生权利的尊重及对其需求的满足，人文精神、人文理性及人文本质是高校体育文化的发展本质，保障高校体育文化建设的可持续发展。国际化背景下，高校体育文化必须以人文主义价值观来引领其建设发展方向。

2. 高校体育文化多元化发展方向

从理论的视角能够发现，不同高校之间的地域特点及发展进程有所不同，高校的体育文化从本质上也呈现出多元化发展态势。但是，计划体制仍然对我国高校的教育和发展有一定的影响，体育文化建设内外动力相对缺乏。当前经济国际化环境及传统和创新并重思想引导背景下，高校文化的超越性和批判性使高校体育文化内源性动力出现变化。相应的，世界体育文化对我国体育体制也产生了一定的影响，我国体育正向国际化靠拢，这属于高校体育文化的外部推动力。所以，高校体育文化建设在内、外驱动力的推动下必须作出改变，向多元化方向发展，国际化背景下的高校体育文化急需向民族化、国际化、科学化及人文化方向迈进。

3. 高校体育文化创新化发展方向

国际化背景下，高校体育文化想要取得突破性成就必须具备创新意识，只有具备创新精神和意识，才能使高校始终保持一种向上勃发的态势。高校集合了全世界最前沿、最先进的理念和文化，具备社会上任何组织所不具有的接受和融合文化的能力，敢于对未知的文化领域进行探索，能够以睿智和敏锐的眼光看待文化的发展。所以，高校体育文化建设应当将创新发展摆在核心位置，要以自身的发展需求和社会的要求为基点，积极挖掘体育文化资源，重构和选择有利于高校发展的体育文化体系，建设风格别致、底蕴深厚的高校体育文化。

（三）国际化背景下高校体育文化有效建设路径

1. 建设独具魅力的高校物质文化

国际化背景下，高校体育文化的传承和见证都需要物质文化的支撑，加强高校体育物质文化建设刻不容缓。20 世纪末，我国开始大规模开办和建设高校，各个地区的高校数量不断增多。新建高校为了打造学校独有的体育文化氛围，大力兴建体育健身场所、运动场和体育馆。需要注意的是，物质文化的构建并非只是与高校生活、科研及教学相关的物质构建，这些事物并非文化，无法将学校的个性和文化定位体现出来，也无法将高校的核心竞争力彰显出来。必须经过高校管理者、教师及学生的共同努力，在长期的工作、教学及学习中赋予其思想，将体育精神融入工作、教学及学习中，才能形成带有高校自身特点的体育物质文化。所以，高校应当将曾经见证过高校重大事件或具有历史文化的事物保存下来，这样才能将高校体育物质文化的独特魅力展现出来。

2. 加强人文主义精神软环境建设

文化层次理论将文化划分为三个层面，分别是基本假定、价值观及人造物。同样，在建设高校体育文化中，也可以将其划分为三个层面，其中的体育文化软环境建设就是中层和内层。人们可以将体育文化软环境看成是高校体育文化建设的一种生态环境，这种生态环境既能直接或间接地对体育文化发展产生一定作用，也能平衡高校体育文化体系中能量和物质的相互作用，很大程度上影响着体育文化的建设方向。立足于生态角度去看待高校体育文化，高校体育文化的发展及生存需要全面研究高校自身所处的地理环境、人文生态、社会氛围及当时的文化氛围。

高校内层体育文化指的是体育的文化氛围、道德观、审美观及价值观。内层文化可以看成是高校体育文化建设的核心，其发展需要外层文化来承载。体育文化的中层基本是从宏观上体现出来的，包括高校体育的各种奖励管理制度、社会服务制度、宣传文化制度、竞赛训练制度、体育文化课程制度、与体育相关的各种课程制度等。体育文化中层是高校进行变革的起始，也是保证体育文化内层得以实现的关键，对内层文化朝着怎样的方向发展产生影响。不管是学校的发展、学生的发展还是价值观的选择，都应当对健康的价值和生命的意义进行考虑，而人文主义建设正好符合这种要求。因此，高校务必要加强人文主义精神软环境建设，这样才能为高校体育文化的建设提供发展的动力，在这样的氛围中，教师和学生才能被激励，师生素养才能得到塑造和发展。

3. 融合接纳多种体育文化

从文化视角看，社会和大学对文化的选择实际上是相同的。高校怎样选择文化的方向受到社会主流文化及社会需要的影响，同样高校通过对文化的吸收和创造，对社会上的一些文化进行批判，一定程度上使社会文化的内涵得到发展和丰富，社会系统的价值方向和定位得到进一步明确。当今高校教育体制改革不断深入和推进，高校资源重组和整合的新态势使原先的封闭式和象牙塔式发展和建设方式不断发生改变，这些条条框框已经不能对高校吸收和同化外来文化产生限制，高校体育文化不断受到外来文化的影响。在这样的环境下，高校体育文化不仅是校园文化的一部分，而且要不断与世界各学校的体育文化融合。高校体育文化是在特定的文化土壤中由特定的人群发展起来的，和其他文化有本质的区别，其在实际融合和接纳社会及外来体育文化过程中势必会产生冲突。高校应当积极面对这种冲突，这也是高校体育文化创新的契机和动力源泉。

第五章　大学体育教育教学手段的创新应用

在高校体育教学工作开展的过程中，提升现代教育技术在高校体育教学中的使用有效性，是实现课程改革与高校体育教学创新的重要手段之一。现代教育技术的使用，对于优化高校体育教学的结构、激发学生的学习兴趣、提升教师的教育技术与创新能力有着重要的意义。基于此，本章结合高校体育教学实践，就现代教育技术在高校体育教学中的应用策略等展开了研究。通过本研究以期为高校体育教学效益的提升，做出有益的参考。

第一节　体育教学手段基本内容

一、体育教学手段的功能

（一）辅助运动教学功能

教学手段具有直观的功效。在体育教学中大量使用新颖实用的教学手段，可以辅助教师的教学。虽然教师在一节课中的动作示范是最重要的，但是体育教师不可能无限制地做示范，因此需要借助其他教学手段，例如，学生示范、正确动作图示、助力与阻力、人体模型等。体育教师要善于寻找、发现、借用、创新各种教学手段，增加形声效果，促进学生对知识的记忆理解、发展智力、提高能力，为教学服务。

（二）更新教学观念功能

电子计算机、教学机的发展和普及使教学过程中信息的传递和控制有了重大突破，虽然多媒体技术在体育课教学中受到限制，但是体育课程借助多媒体教学的趋势是不可阻挡的，只是在形式上可以更加变通，如可以运用手提电脑，在讲课之余，让学生观看运动过程、标准动作技术，以增加学生的直觉。总之，在体育教学中，体育教师要广开思路，勇于创新，开发出更优良的教学手段。

（三）增加直观效果功能

教学手段主要是指教学硬件方面的内容，硬件方面的材料具有很强的直观性，教师的示范、人体模型、教学用具的演示，学生一看就能明白。有时学生出现了错误动作，教师的一推一拉、一拍一提就能产生奇效。这些教学手段都是非常直观、有效的，经常使用可增加学生对运动技术的直观感觉与体验，有助于快速有效地掌握运动技能。

（四）扩展信息反馈功能

由于教学手段具有非常直观的功效，教师可以获得来自学生身体的直接反馈。如视觉的直接反馈，肌肉本体的直接反馈、身体空间感觉等。通过各种教学手段的使用，可以拓展学生在体育教学过程中信息反馈的渠道与路径，而这些来自学生身体的反馈信息对于学习与掌握各种运动技能是必不可少的。

（五）加强师生合作功能

班级授课制表面上富有集体性，但其缺点也显而易见，它基本上属于组织与管理范畴，没有真正意义上的合作、分工与责任等，学生完成教学任务基本是单独进行的，这与现代社会人与人之间高度合作的特征相悖。体育教学中大量使用的教学手段明显加强了师生之间的合作，体育教师可以通过各种直观的、手把手式的教学手段，增加师生身体之间的交流，传授身体运动方面的智慧，这对于运动教学来说具有特殊的价值与意义，在体育教学中应大力提倡。

三、体育教学手段的划分

本书认为，可用“二分法”原理把体育教学手段划分为人体内部感官视角手段与人体外部视角手段（图 5－1）。

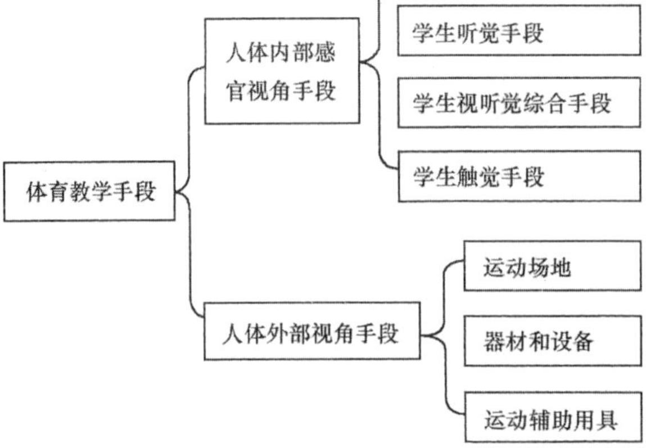

图 5－1　体育教学手段的划分

（一）学生视觉手段

所谓视觉手段，就是指运用人类的视觉器官——眼睛来感知外界事物的手段，例如，摄影、电视、电影、造型艺术、建筑物、各类设计以及各种文字等能用眼睛看到的都属于视觉手段。教学活动中的视觉手段有很多，例如，书本、黑板、板书、电视、电影、投影等。在体育教学中使用的教学视觉手段与其他课程教学有所不同，更多趋向于教师的示范、学生的示范、学习卡片、教具、挂图、人体模型、标志物等，有条件的学校在体育教学中也可以使用多媒体、电视、幻灯片等手段。

（二）学生听觉手段

教材的声音效果主要由教师讲解、音乐、音响三大类组成。一般情况下，表达思想感情、阐述科学道理时使用解说；调节课堂气氛、渲染氛围时使用音乐；让人产生身临其境的感觉时使用音响。当然，在各种声音中占主要地位的当属教师课堂讲解。体育课堂教学若能在教师良好讲解的基础上，配合美妙的音乐、强烈的节奏，则可以给学生“耳目一新”的感觉。在体育教学中广泛使用的听觉手段有收录机、播音机、手鼓、节拍器等。

（三）学生视听觉综合手段

视听手段，来源于直接法和听说法，它是在听说的基础上，利用视听结合而形成的一种教学手段，强调在一定情境中听觉感知（录音）与视觉（图片影视）感知相结合。视听教学手段包括立体视觉教具，例如，标本等；平面的视觉教具，例如，照片、图表、图解、地图、宣传画、连环画、黑板、布告牌等；视觉教具．例如，静画、无声影片、幻灯、实物投影、显微镜投影等；听觉教具，例如，唱片、录音机、校内广播装置、收音机等；视听觉教具，例如，有声电影、闭路电视、公用电线电视等。通过上述视听觉活动和教材、教具，可以显著地提高教学效率。实验证明，相比传统的教学方式，视听教学效率可以提高25％～40％。在体育教学中使用的视听手段可以具体分为视觉媒体，包括非投影视觉媒体（图片、模型和教具等）和投影视觉媒体（投影、实物投影、显微投影、幻灯片）、听觉媒体、视听媒体、综合媒体（多媒体）等。

（四）学生触觉手段

触觉是接触、滑动、压觉等机械刺激的总称。人体的触觉器是遍布全身的，如人的皮肤位于人的体表，依靠表皮的游离神经末梢能感受温度。体育教学中的“手把手”教学就是一种非常好的教学手段，它在体育教学过程中的使用是非常普遍的。因为学生运动感知的获得有时是很困难的，除了参与必需的身体运动之外，还要体验身体在不同运动过程中的感觉，没有这种身体感觉，运动技能的获得将成为一句空话。在学生不断地学练技术过程中，教师若能将自身获得的身体感觉通过某种方式传递给学生，帮助学生建立与体会这种身体知觉，那么运动技能的掌握必将缩短很多时间。“手把手”教学手段就是依赖教师的身体对学生运动中的身体给予一个恰到好处的刺激。提醒学生动作的时机与要点，这样，学生就可以在自身努力练习的基础上，借助教师的点拨，加速对运动感觉的理解与体验。触觉手段除了包括教师给予学生身体上的阻力与助力之外，还包括一些限制物、障碍物等，它们的主要作用是通过学生对限制物的感知与反馈，调整运动行为。

（五）运动场地

运动场地是每一个学校需要大力投资修建的，是学校的运动物质文化，是学校美丽的风景线，同时，教师可以将运动场地作为一个很好的教学手段。运动场地除了本身可以作为教学手段之外，还有一些内容可以作为特殊的教学手段来用，例如，体育馆内的墙壁可以作为排球垫球、扣球、传球的教学手段；室外的墙壁可以画上标志作为足球定位之用；室外运动场地的线条可以作为接力跑的线来用；台阶可以用于发展学生的跳跃能力等。这些教学手段都是学校内固有的，可以充分利用，当然，在使用过程中需要提醒学生爱护公物、保持卫生。

（六）器材和设备

体育器材和设备本身是一种教学手段，同时还具有其他功能。例如，海绵垫可以用于做前滚翻和各种体操动作，也可以作为各种动作的保护与帮助手段；篮球可以用于篮球技术的教学，也可以用于篮球接力游戏，发展学生的协调能力；排球可以用于排球技术的教学，也可以当作障碍物，让学生在有障碍情况下完成规定动作，这些器材和设备的教学手段的开发不胜枚举。

（七）运动辅助用具

在体育教学中还有一些教学辅助用具可以作为很好的教学手段。例如，踏跳板教学手段的使用可以帮助学生在助跑起跳之后腾空，以建立腾空的身体感知，若没有踏跳板这个教学手段，则学生很难体验身体在空中的感觉。因为就一般学生而言，其身体素质与运动能力不足以充分地起跳。再如皮筋等也是很好的教学手段，可用于跳高的教学，它既安全又可代表高度；也可用于跳远教学中的前置障碍，目的是提示学生提高腾空高度；还可以在排球教学中作为发球高度的提示手段等。还有很多自制的辅助用具，例如，报纸、饮料瓶、易拉罐、木棒、铁圈、毛竹条等，都是在体育教师充分发挥智慧条件下能广泛应用于体育教学的自制教学手段。

四、体育教学手段的运用

一般来说，体育教学手段是体育教师在长期的实践中根据教学内容的特征，深入分析教学方法的基础上总结出的许许多多丰富多彩的形式。在这里，我们列举一些简单的例子加以说明。

（一）体育课中“多媒体”教学手段的使用

随着现代社会与科技的发展，多媒体技术在社会各界已经得到广泛的使用，学校教育中各学科的各种教学软件也应运而生，为教学提供了便捷、有效的方法。从当前的情况看，多媒体教学在学校教育的各个学科中仅限于语文、数学、化学、英语等，从实践中产生了积极效应。从传统观念来看。普遍认为多媒体教学和体育课联系较少，也就是说，体育课不宜运用多媒体教学手段。的确，体育课是以室外教学为主的阳光课程，这个特点决定了它不可能像室内教学课那样大量使用多媒体教学。因为体育课不是理论课，体育课存在大量的身体练习，是一门操作性学科，所以多媒体教学在体育课中的使用受到了较多的质疑。本书认为，要在体育课教学中使用大量的多媒体教学是不可取、不现实的，且背离了体育学科的本质特征，因为学生仅依赖视觉是无法掌握具有很强操作性的运动技能的。但完全远离多媒体教学手段是一种极端的做法，也是不可取。我们虽然无法先在教室里看完由多媒体演示的运动技术，再到操场上进行运动实践，但我们可以利用笔记本电脑，在学生需要观看视频时打开电脑，让学生在短时间内观看。因此，我们在体育课教学中不能完全排斥多媒体教学手段。现代的多媒体教学手段已经基本替代了传统意义的收录机、播音机、手鼓、节拍器等教学手段，综合学生视觉、听觉、视听觉的各种内容，是一项有待开发的具有广阔发展空间的体育教学手段。

（二）体育课中“教具”教学手段的使用

“教具”是指教师在课堂教学活动中，帮助学生掌握教学内容而运用与教学内容相关的教学用具。体育课教学中使用教具和体育器材是一个普遍现象，它也是提高教学质量与效果的一种辅助性材料。一般来说，教具是体育课堂教学中经常使用的一般教学用具，例如，媒体、篮球、排球、足球、体操垫、实心球、跳绳、跳箱、各种架子、橡皮筋等，这些教具平时都储存在器材室，供教师随时使用。当前体育教师在使用教具方面还存在较大的空间，也就是说，体育教师在平时的教学中还没能充分发挥教具资源的作用。因此，体育教师要根据具体的教材内容，充分地利用教具提高体育教学的效果。教具的主要作用是激发学生注意力，可以作为障碍，发展学生体能；可以作为限制物，帮助学生解决运动技术的问题；可以作为标志物，提醒学生的有意注意等。例如，可以借助体操垫和篮球进行跨栏与攻栏练习。具体方法是在高约 90 厘米的台阶上铺设两张垫子，并在垫子上放一个篮球。在做攻栏练习时，练习者的摆动腿积极折叠摆动，当摆至垫面高度时，迅速打开小腿，在超过垫面高度后，小腿继续前伸，用脚跟“踹”篮球，同时，上体继续前倾、异侧臂继续前伸，直至摆动腿在垫面上不能滑动为止，此时，两大腿的夹角达到最大，上体和异侧臂分别达到最大前倾和前伸程度。该设置的作用在于使学生用脚跟去“踹”，帮助学生体验快速攻栏的肌肉感觉，掌握脚跟向前攻栏的技术，形成快速攻栏的意识。体育教师还可以利用小沙包进行站立式起跑，站立式起跑的技能特征是一脚前一脚后，根据左右脚站位两手臂配合自然摆放，重心下降并前移，听到发令后快速蹬地跑出。站立式起跑易犯的错误包括：预备时同手同脚；预备时两脚间隔太大，重心靠后；听到发令时，后蹬不充分、起跑慢，甚至会出现垫步现象等。为解决这些问题，教师可巧妙利用小沙包，有针对性地解决学生的易犯错误；用小沙包解决同手同脚问题；用小沙包当“起跑器”解决后蹬问题；用小沙包帮助学生重心前移。

颜色可以起到很好的标志提醒作用，如果在教学过程中设置醒目的标志，例如，在沙地上用白色条带设置各种远度标志，学生每跳出一次新远度，就会得到教师的表扬，学生练习的积极性会更高。又如在教“高抬腿跑”时，可在跑道上按一定距离放置小体操垫，让学生做高抬腿跑过小体操垫，这样做既可以激发学生的练习兴趣，又可以使学生动作幅度更大，动作更“标准”，效果更佳，还能培养学生勇敢顽强、勇于超越自己的精神。这些都是行之有效的标志物提醒方法，能激发学生练习的兴趣，有效提示运动技术要点，提高教学质量。

（三）体育课中“场地设备”教学手段的使用

体育教学使用的场地设备是体育教学各种活动中最基本的硬件设施，也是学校投入较大的项目。有时，因为某些原因，学校的一些场地器材经常处于闲置状态。例如，由于安全的因素，跳高、单双杠技巧等教材内容没人敢教，导致这些场地器材无人问津。这就是教学手段资源的浪费。体育教师应把这些场地器材运用于教学或锻炼之中，发挥它们应有的价值与作用。体育教师可以安排一些支撑、悬垂、立定跳等以练习身体素质项目为主要目的的内容进行教学，也可以安排一些娱乐性的游戏，还可以利用现有的器材，例如，钻过单双杠、跳过沙坑、跑过小障碍场地的障碍练习。

学校现成的场地器材还有很多，例如，体育馆的墙壁、楼梯、室外活动设施等。这些现成的学校场地器材资源可以好好地利用。例如，在墙壁上画控制投掷高度的上、下限制线；利用体育馆的墙壁进行垫球练习；组织学生进行对抗投掷垒球反弹比远的比赛；在墙壁上画圆圈，组织学生进行垒球、沙包掷准比赛。还可以利用学校的花台进行跳台阶素质练习；利用学校的楼道练习爬楼梯，锻炼学生的耐力；利用学校的小树林、固定体育设施进行自然地形跑，锻炼学生的心肺功能；利用肋木、平梯进行攀爬、穿越等障碍跑游戏，锻炼学生的力量等。这些都是充分利用校内场地设备资源作为良好教学手段的较好设想，也是节约体育活动财物、开发校内资源的重要举措。

五、体育创新教育的教学发展

（一）对体育教学本质特征的探讨

如果我们试图解决体育教学的问题，首先要对体育教学的本质有合理的认识，在此基础上系统分析体育教学的内外影响因素，才有可能寻找出最有效的解决途径和方法。

本书认为，“活动性”是体育教学的本质特征。我们只有从“活动性”本质特征出发，才可能梳理清楚不同历史时期和发展阶段的体育教学特征。“活动性”特征决定了体育学科内容的宽泛性、多变性和流动性特征，决定了体育教学的时代性，决定了体育教学必须以一种生命的形式表现，即充满“活力”，不是外在强加给学生的，而是变成学生内在的精神需求和发展源泉，为学生提供个性自由发展的空间，为学生的身体、心理的不断超越服务，为最终实现全面自由的发展而服务。我们将这种类型的体育教学称之为“体育创新性教学”。它摒弃传统体育教学中存在的学生被动参与的、观念活动与实践活动相脱离的不完整的体育活动，以不扭曲“活动性”的本质特征为前提，在教学过程中保证学生自主参与，以学生学习兴趣和内在需要为基础，以主动探索、变革、改造为特征，以实现学生主体能力综合发展为目的。这样，学生的“体育活动”在体育教学中就成为学生真正的主体性实践活动。

（二）体育创新性教学的基本理念

1. 体育创新性教学的学生观

学生观，即人们对学生的基本认识和根本态度，是直接影响教育活动的目的、方式和效果的重要因素。就体育领域近年来发表的有关学生观的成果来看，还存在对学生天性和潜能估计不足的现象，尤其是解放自我、创造自我的天性和创造性潜能。实际上，坚持什么样的学生观，对于确定体育创新教育目的以及选择教育行为都有直接的导向作用。

学生是发展的人主要体现在：

第一，学生身心发展是有规律的，是自然性与社会性的统一。学生的身心发展是一个连续的过程，同时有阶段性特征。对学生身心发展规律性的认识是客观理解学生的基础，它客观上要求我们熟悉不同年龄阶段学生身心发展的特点，并依据学生身心发展的规律和特点开展体育创新教育活动，从而有效地促进学生的身心健康发展。

第二，学生具有巨大的发展和创造潜能。脑科学研究的发展和国内外关于智力与创造力开发的探索，为此提供了大量的事实经验。在体育教育实践中，出现的“成功体育教学”就是基于每个学生都有获得学习成功的潜能的信念，取得了全面提高学生体育素质的良好效果。相信学生的发展与创造潜能是把学生作为发展的人来认识的重要要求。

第三，学生是处于发展过程中的人。发展是与克服原有的不足和解决旧有矛盾相联系的，如果学生没有问题、缺陷以及矛盾，那也就没有了发展的动力和方向。把学生作为一个发展的人来对待，就要理解学生身上的不足，并允许学生犯错误。当然，更重要的是帮助学生解决问题，改正错误，从而不断促进学生的进步和发展。体育教学中运动技能的获得其实就是不断地弥补缺陷和解决问题的过程。只不过，我们以往忽略了它的技能培养之外的观念、态度问题，“就技术论技术”而没有拓展体育教学中学生完整和持续发展的意义。

2. 学生是个体存在的

学生是个体存在的，也就是说，学生的存在有其独特性，不管是相对于成年人还是同龄人。事实上，学生有自己独特的内心世界、精神生活和内在感受，有着自己的观察方式、思考和解决问题的方式。因此，我们把学生视为完整的人，他并不是单纯抽象的学习者，而是有着丰富个性的完整的人。在体育教育活动中，作为完整的人而存在的学生，不仅具备全部的智慧力量和人格力量，而且体验着全部的教学进程。在这个进程中，学生学习并不是单纯的知识接受或技能训练，而是伴随交往、追求、选择、创造、意志努力、喜怒哀乐等的综合过程，是学生整个内心世界的全部参与。每个学生的独特性是其个性形成和完善的内在资源，也是教育努力的重要目标。那么有一个问题不可避免，即学生独特性和教育的统一性如何协调的问题。学校体育发展历史上则出现过走向极端的现象，出现了过分强调整齐划一和自由放任的教学实践，但都被人们否定了。珍视学生的个体性存在，真正关注学生主体性的发展，应该是我们体育工作者对学生的基本态度。

3. 确立的学生主体地位

第一，体育教师要相信学生内在的创造能力，要敢于放手让学生参与教学的设计和评价，改变思想上保守观念、权威和专制作风。

第二，体育教学活动中，学生发挥自身主体性的形式多种多样，有学习态度上的，又有学习过程中的接受、探索、训练、创新等具体行为。因为学生在不同的任务中，不同的条件下，主体性表现也各有差异，所以，体育教师要在教学中保持清醒的头脑，善于分析和辨别学生的主体性表现形式，同时提高自己识别学生主体性的能力。

第三，体育教学要为完善学生的主体性的结构而服务。有研究指出，学生的主体结构包括操作系统和动力系统两个部分，操作系统主要由智力因素组成，承担着对客体的感知、概括、记忆、运用等任务；而动力系统主要由非智力因素构成，承担着激发和维护学生主体认识活动的任务。学生主体结构的发展和完善，主要是通过教育活动过程实现的。众所周知，结构决定功能，体育教学只有自觉地发展和完善学生的主体结构，才能不断提高学生的主体地位，使学生的综合能力得到发展。

第四，应进一步探索体育教学中学生的主体活动问题，如活动的类型，各种活动类型的特点和功能，如何有效建构这些主体活动等。

（三）体育创新性教学的知识观

知识观其实就是人们对知识内涵的认识，它决定了教学内容的选择。体育学科领域很少见到专门探讨体育知识观的问题，大多数只是在教育内容的探讨中稍有涉及，这方面工作的欠缺使我们在探索体育教学内容的取舍时没有基础理论的支撑。周登嵩、赖天德和毛振明在《学校体育教学探索》一书探讨了我国体育教学内容与教材的存在的问题和弊端。期望为解决体育教学内容低级重复等问题提供策略性的建议。周先生着重从体育文化素养的角度分析体育教学内容的取舍；赖先生提出综合考虑教材典型性、基础性、文化性、实用性、可行性五个方面的因素；毛先生则强调运动认知的获得，并提出可以从学生各种能力发展过程和学生从业以后的所需各种能力的关系中寻找解决逻辑性的办法，提出了体育教学内容可能的“生活技能设计系列”“文化分类设计系列”“兴趣类型设计系列”“身心发展的阶段性规律设计系列”四个方面的设计理论和方法。

上述学者对体育教学内容的选择的依据、评估标准等问题的分析都没有涉及体育知识观最基本的知识分类问题，学生的学与知的关系是一个过程与结果的关系。只有对结果有了系统、科学、具体的认识，才能在过程上下功夫，选择教学内容和进行教学设计。忽略了这一基础性环节，相应的问题解决策略可能显得抽象而不具体和不具有可操作性。所以，本书对体育知识的内涵和分类的探讨，为下面研究体育创新教育教学的内容选择和教学设计问题打下了基础。

1. 体育知识的内涵

我们可以从学习的观点来定义体育知识的内涵。体育知识即主体通过与环境相互作用而获得的体育方面信息及其组织；被贮存于个体内，即为个体的体育知识；被贮存于个体外则是人类的体育知识。这种界定强调：

（1）体育知识是后天经验的产物，不包括机体由遗传而来的适应机制；

（2）体育知识获得的过程是主客体相互作用过程；

（3）体育知识的范围广泛，从获得具体的体育信息和机体的运动认知（主要通过人体本体感受形成的认知，它不能由其他认知途径取代，体育学科是以运动认知为主的学科。）结构根本变化，都属于体育知识的范畴。

“学”与“知”的关系是过程与结果的关系，我们关注体育知识是为了更好地关注学生的体育学习，但是体育学习的结果并不全是“知”。例如，作为体育学习结果的人的情感变化虽与“知”相关，但主要不是“知”的问题。体育知识所涉及的范围要小于体育学习涉及的范围。

2. 体育知识的分类

为了促使学生的体育学习向创新性学习转变，我们自然要涉及体育知识的分类。20世纪80年代以来，许多认知心理学家把学生的知识概括为三大类：陈述性知识——相当于加涅所说的言语信息；程序性知识——相当于加涅所说的智慧技能；策略性知识——相当于加涅所说的认知策略。从教学设计的角度考虑，这一分类把知识、技能和智力三个概念统一起来，既包括狭义的知识观，又包括广义的知识观。狭义的知识观指陈述性知识，广义的知识观除了包括狭义的知识外，还包含人们时常所说的技能（程序性知识）和尚缺乏认识但对人的智慧起决定性作用的策略性知识。因此，对体育知识的分类也可以依此标准，然后针对不同类型的体育知识特点进行体育创新性教学的设计。

第二节　现代教育技术手段的发展

现代教育技术在高等教育中的运用越来越广泛，但对于现代教育技术的教学理论及其发展还有待研究。本节将会对现代教育技术的定义、教学理论以及在体育教学中的运用进行阐述。

一、现代教育技术的定义与内涵

（一）现代教育技术的定义

美国教育传播与技术协会于 1994 年提出教育技术的新定义，再次引起了一场关于我国教育技术发展与定位的大讨论。我国教育界认为，“电化教育”就是中国的教育技术，电化教育指的是运用现代教育媒体，并与传统教育媒体恰当结合，传递教育信息．以实现教育最优化。但随着教育的发展和对教育技术认识的深入，“电化教育”一词已不能准确概括教育技术的内涵和外延，不能满足现代教育发展的需要。具体体现在：①电化教育注重媒体论，媒体论的不足在于缺乏系统方法。因为教育是个大系统，不但包括电化教育中研究的媒体，而且包括教师、学生、教学内容等要素，单纯研究媒体的运用，不可能实现教育的最优化；②电化教育中对媒体的定义指第四次教育革命后产生的媒体，列举中未提及第五次信息革命出现的多媒体计算机及网络技术、虚拟现实等数字信息技术；③不便于国际学术交流。对于前两个问题，我国专家又提出电化教育的新定义，即电化教育就是在现代教育思想、理论的指导下，主要运用现代教育技术进行教育活动，以实现教育过程的最优化。

1. 教育技术

美国教育传播与技术协会 1994 年对教育技术的新定义为：“教育技术是对学习过程和学习资源进行设计、开发、运用、管理和评价的理论与实践。”该定义明确概括了教育技术的研究对象是学习过程和学习资源。综合以上分析，得出教育技术的三个基本特性：

（1）教育技术就是应用高科技的方法来分析和解决人类学习问题的过程，其目标是追求教育品质的最优化。

（2）教育技术分为有形技术和无形技术两大类，有形技术是指利用自然科学、工程技术学的成果，把物化形态的技术应用于教育以提高教学效率的技术；无形技术主要指利用教育学、心理学、系统科学、传播学等方面的成果以优化教育过程的技术。

（3）教育技术依靠开发、利用所有学习资源达到教育目的。学习资源主要分为信息、人员、材料、设备、技巧和环境。这些资源主要来自两个方面，一方面是专门为了学习的目的而设计出来的资源；另一方面是现实世界中原有的可被利用的资源。

2. 现代教育技术

现代教育技术与教育技术名称不同在于现代教育技术加上了“现代”二字，其目的是吸收现代科技成果和系统思维方法，使教育技术更具有时代特色，更加科学化、系统化。要弄清它的概念，我们必须先弄清“现代”的含义。中文关于“现代”的解释是：现在这个时代。英文解释有两种：一是“modern”译为：①近代的，现代的；②现代风格的，新式的；现行的，时髦的。二是“contemporary”译为：①发生，存在；生存或产生于同一时期；②同一瞬间发生的；③自始至终同时存在的；源出同一时代的；④当代的或仿佛当代的。现时的。可见，由于对“现代”这个词的理解不同，对现代教育技术的理解也不同。归纳起来主要有两种：一种是指现在新出现的教育技术，与之对应的是传统教育技术，这种理解强调对传统的革新；另一种是指现在正在使用的教育技术，包括传统教育技术和新出现的教育技术。

我国专家对此做出了如下解释：

解释1：现代教育技术是把现代教育理论应用于教育、教学实践的现代教育手段和方法的体系，包括以下几个方面：①教育教学中应用的现代技术手段，即现代教育媒体；②运用现代教育媒体进行教育、教学活动的方法，即传媒教学法；③优化教育、教学过程的系统方法，即教学设计。

解释2：教育技术涉及范围比较广泛，几乎包括教育系统的所有方面，现代教育技术仅涉及教育技术中与现代教育媒体、现代教育理论以及现代科学方法论——信息论、系统论、控制论等有关的内容。

解释3：与一般意义上的教育技术学相比较，现代教育技术学更注重探讨那些与现代化的科学技术有关联的课题。具体表现在它所关注的学习资源是最近一二十年问世的信息、传递、处理手段和认识工具，如先进的电话、电视、电脑系统及其教学软件，而这些系统的开发和利用又是与现代化的科学方法——信息论、控制论、系统论的指导分不开的。

解释4：所谓现代教育技术，是指在现代教育实践中形成的，以现代教育媒体、方法和教学设计等基本要素构成的综合体。开展现代教育技术工作就是在现代教育思想、理论指导下，应用现代教育媒体、方法和教学设计，开发教育信息资源，优化教育过程，增进教与学的效果。

解释 5：所谓现代教育技术，就是运用现代教育理论和现代信息技术，通过对教与学过程和教学资源的设计、开发、利用、评价和管理，以实现教学优化的理论和实践。

从一定意义上讲，现代教育技术的引进提高了课堂的教学效率。学生可以节省抄笔记，模拟情境等时间。然而从另一方面来看，先进的教学手段如果利用得不够合理，就会让教师成了幻灯片放映员，学生成了图片观赏者。过度地使用多媒体课件很可能会分散学生的注意力，使学生忽略那些隐藏在视听享受中的知识点。不仅如此，先进的技术还可能使教师和学生产生一种惰性，过分地依赖现代教育技术手段造成不合理的滥用。因此，单单地把现代教育技术看作是一种技术手段而忽略它的教学理念，必然会使应用过程产生偏差。现代教育技术是一门理论与实践相结合的科学，是集优良传统经验与现代科技于一身的科学。只有把先进的教育技术与科学的教学理念相结合，传统教学的优势与现代教育技术相结合，才能产生一种全新的教学模式，从根本上改变我国高等教育的落后局面。

二、现代教育技术在高等教育中应用的理论基础

（一）系统理论

系统科学是指系统论、控制论、信息论，它们既相互区别，又相互渗透、相互联系，统称为“旧三论”，从中提炼出来的系统科学的基本原理对教学技能的训练和应用有着方法性的指导作用。

1. 系统论

系统论是研究系统的模式、原则和规律，并对其功能进行数据描述的一门科学。系统是指由相互联系、相互作用的一些要素结合而成的，并具有一定特殊功能的有机整体。它可以同外界进行物质与能量的交换以达到保持系统有序、平衡的状态。系统方法是按照事物本身的系统性把对象放在系统的形式中加以考察的方法，它侧重系统的整体性分析，从组成系统的各要素之间的关系和相互作用中发现系统的规律，从而指明解决复杂系统问题的一般步骤、程序和方法。系统论研究者认为，系统是相互作用的若干元素的复合体。其中最重要的要素便是“组织联系”，这种联系一方面是各个部分的信息渠道，另一方面是它们动态作用的结果。系统论中的系统是指一个要研究和处理的对象，对象不同系统所涵盖的范围也不一样，大到地球、国家，小到机器、分子都可以看成是一个系统。系统按性质分大致有五类：自然系统、社会系统、思想系统、人工系统和复合系统，教育技术就属于一种人工系统。系统是普遍存在的，我们认识系统的目的就是更好地认识和改造自然和社会，解决实际存在的一些问题。所谓的“系统工程”，就是指利用系统理论的基本原理创立起来的重要工程技术门类。一方面，它重视系统的发展变化和系统内部各子系统的相

互关系，并注重系统整体的功能；另一方面，它注重系统数量的精确度，进行定量研究和定量管理。系统论具有整体性、全面性、结构层次性、相关性、动态平衡性和综合与分析统一的特点，它能反映现代科学整体化和综合化的发展趋势，是控制论、信息论的重要理论基础，也是解决现代社会中政治、经济、科学和教育等各类复杂问题的方法论基础。

2. 信息论

信息论是研究信息的本质，并用数学方法研究信息的计量、传递、变换和存储的一门学科。所谓信息，是指人们在适应外部环境时与外界相互影响、相互作用的内容的总称。也就是说，信息是事物存在的方式和运动的状态，以及对这种方式或状态的直接或间接的表述。信息并不是事物本身，而是事物的表象，事物存在过程中发出的消息、情报、指令等包含的内容。信息具有可识别、可转换、可再生、可储存、可复制、可处理、可传递等几方面的特征。信息论的诞生和发展是社会的需要，雷达的发明、电子管的使用、计算机和通信技术的飞速发展是信息论的催化剂。

3. 控制论

国外有关专家将控制论看作一门研究机器、生命社会中控制和通信的一般规律的科学，更具体地说，是研究动态系统在变的环境条件下如何保持平衡状态或稳定状态的科学。“控制”的定义是：为了“改善”某个或某些受控对象的功能或发展，需要获得并使用信息，以这种信息为基础而选出的，作用于该对象上的，就叫作控制。由此可见，控制的基础是信息，一切信息的传递都是为了控制，进而任何控制又都依赖于信息反馈来实现。信息反馈是控制论的一个极其重要的概念。换言之，信息反馈就是指由控制系统把信息输送出去，又把其作用结果返送回来，并对信息的再输出发生影响，起到控制的作用，以达到预定的目的。

系统论、信息论、控制论从总体上深刻地揭示了事物运动的特性和规律，它不仅适应现代科学技术发展的客观要求，而且对科技的进步、社会的发展都会产生巨大的推动力，对人类进一步认识和改造世界有着深远的影响。系统科学的理论和方法对教育技术学的形成有重要的影响。系统科学已经被广泛应用于教育各个领域、各个学科，逐渐出现了以信息论为基础的“教育传播学”、以控制论为基础的“教育控制学”、以系统论为基础的“教育系统学”，“三论”在教育技术上的综合应用已经发展为目前的“教育技术学”。以系统科学为指导，从总体上把握高等教育和教育技术的发展规律，研究教育信息传播的规律，研究为实现教育目的而对教育内容和技术系统控制的规律，最终都是为了达到教育的现代化，实现教育的最优化的目标。

（二）教学理论

教学理论是研究如何组织教学过程中的各种要素，使教学达到最优化的理论。教学过程是指教师教学与学生学习的过程。学习有学习理论，教学当然也离不开教学理论，教学理论是一门研究教学客观规律的科学。从 17 世纪 30 年代夸美纽斯发表的《大教学论》，到 20 世纪 30 年代斯金纳的程序教学理论、布鲁姆的教育目标分类理论、“掌握学习”理论和形成性评价理论、加涅的信息加工理论，再到 20 世纪后半叶奥苏贝尔的先行组织者理论，这一系列理论都对教育技术产生了重要的影响。在教育全面现代化的环境下，教学技能的发展研究是教学理论的重要组成部分，而与建构主义学习理论密切相关的现代主义课程观对广泛利用现代教育技术组织教学具有重大意义。现代教育技术要求我们形成与之相适应的教学形式，这种形式要从以“教师为主体”的教学向“以学生为主体”的教学的转变。在课堂上，教师要引导学生利用先进技术手段，发挥主观学习意识，结合自身的思考独立地解决问题。

（三）学习理论

学习理论是探究人类学习本质及其形成机制的心理学理论。它的重点在于研究学习的性质、过程、动机以及方法和策略。学习理论包括行为主义学习理论和认知主义学习理论等。

行为主义学习理论主张研究人类的外显的反应。早期的行为主义心理学认为，学习是在刺激情景与有机体的反应之间建立联结的过程。学习的结果表现为特定刺激与特定反应之间联结的建立。这种观点支持了视听教学中用媒体不断呈现信息进行教学的模式发展。认知主义学习理论认为，学习是由有机体积极主动地形成新的完整的认知结构的过程，是复杂的内部心理加工的过程。学习的结果是形成反映事物整体联系与关系的认知结构，目的性、过去的经验、背景知识和智力水平等对学习的影响非常重要。

以信息加工理论为主的认知心理学在 20 世纪 50 年代后期占据了心理学主流地位，对教学理论与技术有很大的影响，使媒体教学应用从强调设置重复的信息呈现发展到通过精心设计学习工具，影响学生内部的信息加工过程。认知心理学的问题主要是，它的分析单元是个体脑内部的心理活动。然而在 20 世纪 80 年代以后，传统认知科学的两个目标受到质疑：其一，试图将复杂行为还原为一连串的简单行为；其二，在说明信息加工的神经机制时，试图将人类思维还原为神经生理学。这使它容易忽视学习发生的社会因素与活动情境影响，忽略学习过程中对个人来说非常重要的主观差异。建构主义产生的心理学基础是认识主义心理学内部的反思，当代建构主义者则融合了皮亚杰自我建构和维果斯基社会建构的观念，并有机地运用到学习理论中，在此基础上提出了“意义建构”，主要观点如下：

1. 学习是学习者主动地利用感觉吸收并建构意义的活动过程，是学习者同外部世界相互作用的过程。

2. 学习是一种社会性活动，学习者同他人的交流起着非常重要的作用，人与人之间的对话与协调是产生学习结果的重要因素。

3. 学习是在一定情景中发生的，不能离开实际生活而在头脑中抽象出虚无的、孤立的事实和理论。

4. 学习的发生要借助先前的知识，在一定的资源和工具支持下进行。

（四）视听教育理论

20世纪30～50年代，视听手段相继引入教学领域，人们从视觉教育和听觉教育的研究逐步转向众多视听媒体的综合应用研究。其中比较著名的是“经验之塔”理论。“经验之塔”把人类的学习经验分为直接经验、替代经验和抽象经验三大类，并按抽象程度分为十个层次。它对现代教育技术的指导作用可以概括为：

1. “经验之塔”最底层的经验，是最直接、最具体的经验，越往上层，则越趋于抽象。但并不是说获得任何经验都必须经过从下到上的阶梯，也不是说下一层经验比上一层更有用，划分阶层，说明各种经验具体与抽象的程度。

2. 教育应从具体经验入手，逐步过渡到抽象。有效的学习方法应是首先给予学生丰富的具体经验。只让学生强制性地记忆概念和法则，而没有具体的经验作为后盾，教育的目的是不会达到的。

3. 教育不能停滞在获取具体经验的阶段，而必须向抽象化阶段过渡，把具体经验普遍化，并且上升到概念，只有清晰了概念才可以指导实践。

4. 在教育教学中，教师应该尽量为学生提供各种教育手段以便使知识更加具体化、直观化，从而提供更深刻的直接经验来获取更好的抽象经验。

5. 位于“经验之塔”中层的视听教具，它比语言、抽象符号更能为学生提供较为具体、易于理解的经验，它打破了时空的限制，能弥补学生直接经验的不足。

“经验之塔”理论对视听教育的发展起着重要的推动作用，视听教育理论阐明了视听教育的规律，及各种视听教育媒体在学习中的地位和作用，对我们如何开发和利用教育媒体具有重要的指导意义。

现代教育技术应用的理论基础是重点内容，有了准确完善的理论做指导，才能使我们在研究应用过程中事半功倍。因此，要对应用的理论基础有准确深刻的认识，才能使其在高等教育中发挥出更大的作用。

第三节　现代化教学手段在高校体育创新教学中的应用

将现代化技术运用到课堂教学中是正在尝试进行的一种教学手段，但体育教学与其他学科的教学相比有着明显的不同，体育教学更加侧重实践教学，但是在信息技术的发展下，体育教学也开始运用多媒体进行教学。本节将介绍我国多媒体教学在高校中的应用以及在体育教学中的应用。

21 世纪是一个高度国际化、科学化、多元化的知识经济时代，如何满足时代要求，培养具有创新精神和实践能力的创新型人才，已成为社会各界瞩目的一个课题。随着教育现代化的脚步的加快，计算机技术已走进校门，进入体育课堂。计算机集文字、图形、图像、视频等多媒体于一身，是一种全新的教学手段。把多媒体教学引入体育课堂，可以将教学过程与娱乐融为一体，通过直观、形象、生动的感官刺激，给学生造成一种身临其境的感觉，达到培养学生获得知识信息的能力、创造性思维能力及创新实施能力的目的，从而完善学校体育创新教育。

一、现代化教学手段对传统体育教学模式的冲击

随着现代科学技术的发展，传统的体育课堂教学模式不可避免地受到冲击，并必然会被现代的教学技术所取代。采用现代化的教学手段能使教学内容由平面到立体、由静态到运动、由文字到声音图像，将极大地增加课堂教学的主动性和趣味性，极大地调动学生的学习热情。计算机和多媒体教学的运用，又可以使体育课堂教学发生深刻的变化，培养学生主动获取知识、运用知识和处理知识的能力，创造超时空的课堂，它给课堂教学带来的将是教学领域突破性的变革。

1. 传统体育教学手段的不足

从多年的教学实践上来看，传统的体育教学手段有三个不利因素。

第一，教师的年龄、特长和喜好影响教学内容的选择。每个体育教师在具体安排教学时，总是把自己喜欢的、擅长的内容安排得较多，而对自己不喜欢、不擅长的内容安排得很少或完全不安排。长此以往，会使学生学习兴趣不断下降，没有兴趣，没有创造性想象，也就没有探索与创新，势必影响学生创新精神的发展，这种现象在传统体育教学模式中是普遍存在的。

第二，动作技术难示范影响教学进程。在体育教材中有很多腾空、高速、翻转的技术动作，示范难度大，很难让学生建立一个完整的动作表象，这也是传统体育教学模式中的

一个难题。

第三，传统的教学手段不利于学生的身心健康发展。传统的体育课教学模式单一，程序化多、灵活性差、机械呆板、枯燥无味，造成学生学习情绪低落，制约了体育课对学生心理健康的疏导作用，不利于学生心理健康发展。

2. 现代化体育教学手段的优势

在体育教学中合理地运用现代化教育技术，对于优化教学情境、激发学生的学习兴趣、调动学生学习的积极性并且对于突出教学重点、突破教学难点有事半功倍之效。在体育教学中，多媒体教学手段犹如一座架设在学生和体育知识技能之间的不可替代的桥梁，具有举足轻重的作用。

第一，运用多媒体能有效地激发和调动学生的学习兴趣。多媒体可将一些枯燥的教学内容和一般传统教学所不能达到的艺术效果有机地结合、创作，使原本单调、平淡的课堂教学变得十分新奇、巧妙和生动，从而激发学生的创新意识和调动学生学习体育的浓厚兴趣。

第二，运用多媒体，能有效地影响学生多方面的智力因素。在制作多媒体课件时，恰当引入一些动画、录像，以启发学生由眼前的景象，联系生活实际想象可能发生的变化，从而加深对眼前景象的认识，培养学生的创造性思维。

第三，运用多媒体，能有效地提高技能课的授课质量。利用多媒体向学生讲解动作原理和生理基础，把学生对动作的认识由感性认识提高到理性认识。同时，制作课件的过程也加深了教师对各项技术的理解和认识，提高自身的知识水平和讲解技术要领的能力，从而使整个技能课的授课质量得到质的飞跃。

二、现代化的教学手段在体育创新教育中的运用途径

体育创新教育，即结合体育教学规律，根据有关创造性发展的原理，运用科学性、艺术性的教学方法，培养学生的创造意识、创造能力和健康个性，培养创造性人才的一种新型教学方法。在体育教学中实施创新教育，就要结合现代化的教学手段对现行的传统体育教学模式进行创造式的改革。

1. 多媒体教学与传统体育教学相结合

现代体育教学方法由两部分组成，一是普通教育系统，二是媒体教学系统。这就说明传统教学手段和多媒体组合教学手段在整个教学过程中无高低之分，多媒体组合教学作为一种新的、有效的教学手段，虽然有着许多优点，能弥补传统体育教学中的不少缺陷，但并不是样样都优于体育传统教学手段，它也有自身的缺陷，需依靠传统的教学手段来弥补。合理选择和运用现代教学媒体，并与传统教学手段有机组合，共同参与教学全过程，以多种媒体信息作用于学生，形成科学的体育教学过程，培养学生的创新精神、创新

能力。

2. 体育教师转变教学观念，提高现代化教学仪器的操作能力

多媒体教学能否成为体育教学重要教学手段的关键因素是体育教师的信息素质。体育教师由于客观原因往往对计算机接触得不多，在上课的时候都不太愿意利用多媒体进行授课，感觉多媒体授课与他们平时所用的教学手段有所出入，总认为多媒体教学是其他学科的教学手段。然而事实证明，通过多媒体辅助教学往往比教师的示范讲解更直观、更生动、更易被学生接受。运用多媒体技术，既能够提高学生的学习兴趣，使学生易学易懂，印象深刻，也能够促进学生运用科学的方法主动从事身体练习。因此，体育教师需加强对自己信息素质的培养，尽快提高现代化教学仪器的操作能力。

3. 充分利用现代化教学仪器，激发学生的学习兴趣

体育教师可以利用理论课的空间，课前做好充分准备，了解和分析学生的兴趣爱好，结合实际，有的放矢。通过多媒体手段将教材的知识性、趣味性、思想性融为一体，全面刺激人体各器官，能使学生轻松愉快地接受信息，避免呆板的讲解和空洞的说教。讲课应重点突出、语言简洁、图文并茂、生动形象，充分调动学生学习的积极性，培养了学生的创新意识，同时为实践技能课的模仿和练习打下坚实的基础。

4. 合理利用现代化教学课件，优化体育课教学环境

传统的体育教学存在着理论课知识较抽象，文字、材料、插图单调，实践课动作技术强，结构复杂，学生理解吃力，模仿不得要领等问题。现在可以利用多媒体把理论和实践知识有创造性地制成投影片，并与视频中的部分镜头有机结合起来，形成完整技术动作，通过慢镜头或定格的方式逐渐展现在学生面前，逐次讲解各个分解动作，抓住重点，讲深、讲透，让学生在屏幕上清楚地看到所需掌握动作的技术要领，增强理解深度，激发学生喜爱的优秀运动员、运动项目模仿学习的兴趣。通过多媒体创设教学环境，以动静结合、声像合一的形式，使学生从感性认识上升到理性认识，再用理性认识指导实践，从而有效地调节教学结构，使课堂教学的创造性、实践性、趣味性、应用性得到进一步加强，学生学习获得事半功倍的效果。

总之，我们需要突破传统教学模式，解放思想，拓宽思路，让创新精神走进体育课堂，走进新课程。体育教师应积极地掌握多媒体制作技能，弥补传统教学手段的不足，从而实现体育教学的现代化。现代化教学手段虽然不能作为体育教学的主要教学手段，但是只有发挥现代化教学手段的优势，正视现代化教学手段的实用价值，才能合理、正确地实施创新教育，促进体育创新教育的发展。

第六章　大学体育教育教学模式创新应用

本章旨在对高校体育教学模式的创新实践进行研究，主要包括体育教学模式概述、高校体育发展中所形成的教学模式、高校体育教学模式的创新实践发展。

第一节　体育教学模式概述

一、体育教学模式概念界定

当前，体育教学研究领域对体育教学模式的理解是多种多样的。有的学者认为，体育教学模式是指在一定的教学思想或理论指导下，为设计和组织体育教学而在实践中建立起来的各种类型体育教学活动的范例，它以简化的形式稳定地表现出来。有的学者认为，体现某种教学思想的或规律和原理的教学单元或教学课的程序，它包括相对稳定的教学群体、独特的教学过程结构和相应的教学方法体系。有的学者认为，体育教学模式是指按照一定的体育教学原理和体育教学指导思想而设计的具有相应结构和功能的教学活动的模式系统工程。它是由体育教学指导思想（或教学目标）、教学组织形式、教学方法、教学内容、教学效应和相关条件六个既相对独立又彼此关联的程序工程系统组成。还有学者认为，体育教学模式是在一定的教学思想指导下，为完成规定的教学目标而形成的规范化程序，包括相对稳定的教学过程结构和教学方法的体育教学活动的操作体系。综合上述观点，本书认为，体育教学模式是体育教学组织活动的一整套方法论体系，是在一定体育教学思想或体育教学理论指导下，为实现特定体育教学目标而设计的、相对稳定的体育教学活动程序，是联系体育教学理论和体育教学实践的纽带和桥梁，主要体现在教学单元和学时教学的设计和实施上。

二、体育教学模式的构成

体育教学模式存在于一定的空间和时间之中，在空间上表现为一定的体育教学理论和思想、体育教学目标、教师与学生在教学活动中的地位及相互关系；在时间上表现为如何安排教师教与学生学的活动。不同的教学理论、教学目标、对师生的不同安排构成了不同的体育教学模式。整体来看，体育教学模式的结构要素如下（图 6－1）。

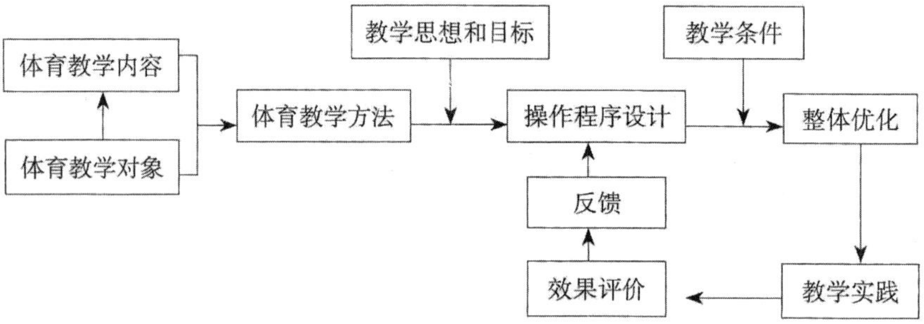

图 6－1　体育教学模式的结构要素

（一）教学思想

教学理论或教学思想是教学模式的深层构成要素，任何体育教学模式都是在一定教学思想或理论指导下提出来的，它是建立各种体育教学模式的理论基础和思想内核，也是区别不同教学模式的重要依据，反映了模式的内在特征。它在体育教学模式中是个独立的因素，又渗透在其他因素之中。例如，快乐体育教学源于我国 20 世纪 80 年代的愉快教育与国外的快乐体育，是针对学生对体育厌学的状况提出的，为适应终身体育思想而发展起来的。

（二）教学目标

教学目标指教学模式所能达到的教学结果，是教师对某项教学活动在学生身上将产生的效果所做出的预先估计。任何教学模式总是为了完成特定的教学目标而设计的，它使主题更为具体化，在教学模式的构成因素中居于核心地位，对其他因素有制约作用，也是教学评价的标准和尺度。例如，群体合作教学模式的教学目标是改善课堂教学的心理气氛，全面提高体育教学质量。

（三）操作程序

操作程序指体育教学在时间上展开的逻辑步骤和每个步骤的主要做法等。任何体育教学模式都具有一套独特的操作程序和步骤。由于体育教学过程中既有教材内容的展开顺序、教学方法交替运用的顺序，又有内在的复杂的心理活动顺序，一般是从不同侧面提出教学活动的基本阶段及其逻辑顺序。操作程序只能是基本的和相对稳定的，而不是僵化和一成不变的。例如，情境教学模式的操作程序是设置情境、引发运动兴趣、体验情节、运动乐趣、还原五个步骤。

（四）实现条件

实现条件指促使体育教学模式发挥效力的各种条件（教师、学生、教学内容、手段、时间、空间等）的最佳组合。策略是体育教学过程中教师和学生所采用的教学方式、方法、措施的总和。要保证模式的程序在执行时的可靠性，提出的策略必须是清晰、确切的。

（五）效果评价

效果评价主要是分析目标的实现程度。由于各个教学模式在操作程序、实现条件上的不同，因而评价的方法和标准也就不同，即每种体育教学模式一般都有适合自己特点的评价方法和标准。例如，群体合作教学模式评价因素不同于标准化的评价，它的评价标准采用的是计算个人和小组合计总分的评价方式。每一种教学模式具有自己独特的评价标准和方式，这样才能完成反馈过程，以便及时修正，提高教学模式的应用效果。

上述诸要素相互联系、相互制约，共同构成了一定的体育教学模式。至于教学模式中各要素的具体内容，则因教学模式的不同而有所差异。比如，指导思想是教学模式得以建立的价值基础，它对其他要素起着导向作用；教学目标是教学模式的核心，它制约着操作程序、师生组合、内容和条件等；操作程序是教学模型实施的环节和步骤；实现条件是保证模式的程序在执行时的可靠性；效果评价能使我们了解教学目标的达成度，并对活动过程进行反馈和监控，对操作程序和师生活动方式等进行调整或重组，以便达成教学目标。

三、体育教学模式的特点与功能

（一）高校体育教学模式的特点

随着体育教学理论研究与教学实践的发展，出现了多种多样的体育教学模式。有的着眼于师生关系，有的着眼于教学目标；有的着眼于教学方法和手段，有的着眼于教学程序；有的着眼于教学内容，有的则综合考虑了教学过程中的各种因素。由于着眼点和侧重点有所不同，每种体育教学模式都有自己特定的适用范围与条件，有些教学模式的适用范围较广，有些则只适用于较特殊的教学情景。尽管体育教学模式的种类繁多，但它们都具有一些共同的特点。

1. 整体性

教学模式应从整体上考虑教学的基本框架，既要研究教学各要素（教师、学生、教材、场地器材等）组合的内在关系，又要分析影响教学的外在因素（时间、气候等），以便综合考虑体育教学目标的确立、教材和教学策略的选择、师生活动的规范等一系列问题，进而构建基本的教学框架。

2. 理论性

体育教学模式是教学理论及其教学思想具体转化的载体，因此，教学模式必有其理论内核。一定的教学理论及其教学思想又通过教学模式具体而直观地加以体现，从而使教学理论和教学实践有机地结合起来。

3. 操作性

体育教学模式从长期的教学实践经验概括而来，与教学理论或教学思想相比，它更具有实践意义和可操作性。

4. 稳定性

体育教学模式在经过长期的教学实践检验而定型后，就具有相对稳定的结构。因此，一种较成熟的教学模式，在特定的教学条件下，就有一定的稳定性。无论任何时候运用这种教学模式，其基本的程序和主要的环节都不应有大的变化，如果某种教学模式在不同人和不同的时间运用时都要产生大的变化，就说明这种模式还没有成熟。一种模式不是通过个别或偶然的描述就可以概括的，而是经过大量体育教学实践活动获得的理论概括，因此，其能够在不同程度上揭示体育教学活动普遍性的规律。这种理论的科学性、规律的普遍性奠定了体育教学模式稳定性的基础。

5. 优效性

体育教学模式一般都是从大量体育教学活动中提炼出来的、经过优选的一种模式。体育教学模式应具有特有的效力，便于操作，有利于提高教学效率。优效性是体育教学模式的生命所在。一种教学模式如果不是优效的，就会被淘汰。

（二）高校体育教学模式的功能

体育教学模式是在一定的体育教学思想指导下，针对体育教学目标，在特定的教学环境下，实现其特定功能的有效教学结构和与之相适应的教法体系的有机组成系统，是以简化形式表达的体育教学思想和教学组织策略，是联系体育教学理论与体育教学实践的纽带和桥梁。有效运用体育教学模式，有利于改变教学理论和实际相脱离的状况。体育教学模式的功能可以概括为四个方面。

1. 简化功能

体育教学活动具有特殊性和复杂性，需要采用图示去揭示各系统之间的次序及其作用和相互关系，使人们对事物有一个整体的印象。体育教学模式符合现代体育教学任务，既重视体育知识的学习，又注重体育技术、体育技能的学习与掌握；既着重于学生的学习目标，又着眼于教师的设计方案；既反映了教学理念，又注重具体的操作策略。因此，它具有可操作性，具有一套比较完整的结构和机制，比抽象理论更具体、简化，为体育教师提供了基本框架，也接近教学实际，易被教师理解与操作。

2. 中介功能

体育教学模式是体育教学理论和体育教学实践之间的“中介”，起到承上启下的作用，它既是一定的体育教学指导思想、体育教学相关理论的具体体现，又能为体育教师提供具体的操作程序和操作策略，以便开展教学活动。

3. 调节功能

根据具体的教学环境条件、具体的教学指导思想而制订的体育教学模式最终要受到实践的检验，如在具体的操作过程中，某种具体的教学模式并没有达到教学目标，则应对操作过程中的各环节、各因素进行具体的分析，分析其中的利弊，找出原因，从而为下一阶段的教学程序设计与实践操作打好基础，这就是体育教学模式的调节功能。

4. 预测功能

体育教学模式是建立在体育教学内在规律和逻辑关系基础上的。因此，它可以帮助人们对体育教学的进程或结果进行推断，至少可以根据其内在规律来估计各种不同效果。当一种模式建立后，可以根据其内在、本质的规律完成推测功能。例如，快乐体育教学模式注重的是学生在愉快的情绪中学习体育，并感受体育活动的快乐，同时学会一种基本的运动技能，为终身体育打好基础。若在教学中没有达到这种预期的目标，那么就应做出相应调整；若达到了，则与事先的预测相吻合，证明理论与实践得到了统一。

四、高校体育教学模式应用实践研究

以系统论的观点看，体育教学模式应当是一个包括体育教学思想、体育教学观念、体育教学主体、体育教学客体、体育教学目标、体育教学方法等基本要素的体育教学体系。体育学科是一门交叉性很强的学科。体育教学模式在体育教学思想影响下，还应考虑教育论的规律、人体运动的规律等方面的因素，因为体育课程涵盖了丰富多彩的项目，具有较为独特的体育课程设置模式，比其他学科模式更为复杂。整体而言，体育教学模式的应用实践研究是热点，但难点在于整体上有所突破。

在诸多体育教学模式应用实践研究中，较为成熟的模式有以下几种：①快乐教学模式源于快乐教育思想，基于初步体验（活动乐趣）→挑战学习（学习乐趣）→创造改良（创造乐趣）情感规律；②发现式教学模式是基于问题假设→实验性练习→验证练习→结论评价的认识规律的教育思想而形成的。从体育教学模式实践研究的现状看，一些研究结果已基本成熟，欠缺的是在系统论观点的指导下，深化认识多种体育教学模式，从而加强模式横向联系的研究。可喜的是，很多学者已注重该方向的研究并取得了一定的成果。

随着健康教育思想的明确提出，如何在全面教育、素质教育基础上构建适于“健康第一”体育教学指导思想的体育教学模式是目前体育工作者必须加强研究的课题。从健康涵盖生理、心理、社会、道德四维观分析，体育教育以生理健康为基础，创造性地进行其他三维健康教育的体育教学模式是适于体育学科的教学模式。从研究现状看，运动处方教学模式是以运动处方教学作为主要手段去完成体育教学中的主要任务，并以运动处方教学为主要方式解决众多与体质健康发展相关的问题。运动处方教学是指教师根据学生的身体素质与健康状况制订的针对性很强的教学内容与方法，是教师将因材施教与学生自学、自练、自控、自调和自评相结合的一种授课方式。通过充分发挥学生的主体作用，调动学生的主观能动性，从而实现从应试教育向素质教育的转轨，促进学生的全面发展。面对复杂的体育教学体系，不同的教学模式突出体现了体育的多目标、多功能特征，仅采用一种或几种教学模式，都无法完整落实素质教育和健康教育。①

第二节　体育发展中所形成的教学模式

“模式”是指在理论上的逻辑框架，是简化的再现现实的理论性结构。国外有关专家认为，教学模式是构成课程和作业、选择教材、提示教师活动的一种范式或计划。教学模式并不是教学计划，计划相对比较具体，具有较强的操作性。在教学理论中引入“模式”，是用来解释在一定的教学思想下建立起来的各种不同类型的教学活动的基本框架，表现教学过程的程序性的策略体系。

一、自主协作教学模式

（一）自主协作体育教学模式概述

1. 自主协作体育教学模式的概念

自主协作体育教学模式是一种学生自主积极学习，在学习中进行自我判断、监控、评价，教师加以指引帮助，再以协作小组为基本单位，促进学生在小组学习过程中通过发散思维、相互交流、协助等对所学知识进行构建，一起达到预定的教学目标，学生自主学习能力不断发展的学习过程。此模式是根据自主学习能力的特点，结合大学生学习的现状和社会对人才的要求设计而成的。②

---

① 刘飞．吉林省独立学院体育教学模式探索与创新［D］．长春：东北师范大学，2010.

② 林庚．高中自主协作体育教学模式对学生自主学习能力的影响及分析［J］．考试周刊，2014（2）：112.

2. 自主协作体育教学模式的环节

自主协作体育教学模式主要环节包括学生分组、教师辅助、学生自主协作学习、评价总结等。主要操作程序如下：①明确目标。体育教师制订相应的教学目标，提出要求和问题；②自主学习。学生在相应的教学目标下，自主选择合适的学习方法；③协作交流。以学生活动为主，教师起组织、帮助、指导的作用，采用小组形式在全班交流学习；④总结评价。采用多元评价的方式，包括学生互评、学生自评、师生评价。评价范畴主要体现在教学目标达成情况、自主学习的能力、协作交流中的状态等方面。评价以整个小组为单位，使学生有更多的时间讨论，弥补常规教学模式中的缺陷。

3. 自主协作体育教学模式的构成要素

自主协作体育教学模式构成要素如下：①协作小组。协作小组方式的不同将直接影响协作学习的效果。通常情况下，协作小组以 10～12 人为宜；②学生。在教学过程中，体育教师将学生合理分到各协作小组。学生的分组依据主要有学习者的学习成绩、认知能力等。自主协作教学模式的合作气氛比较浓厚，容易形成良好的团队氛围，只要学生积极参与，展示自我，就能得到更多的锻炼机会，学到更多的知识与技能；③体育教师。体育教师在教学过程中起主导作用，不仅是模式的设计者，而且是模式的评判员。因此，体育教师要有较高的专业素质，特别在评价过程中，要对结果进行客观公正的评价，从而使学生在自主协作体育教学模式中增强团结合作能力和意识，改善人际关系，提高人际交往能力和社会适应能力，增强学习主体地位和学习兴趣，培养“终身体育”的意识；④教学环境。教学环境是指体育教师应利用所有可利用的条件，为学生在学习中提供服务，主要由学习的物质环境和社会环境组成。物质环境是指在体育教学中，可利用一切可用的场地、器材进行体育教学，利用书籍、电视、网络等设施让学生对体育知识、体育技能有更为清晰的认识。社会环境是指学生在体育学习中主动与同学进行交流、合作，互相帮助等综合因素。小组间的交流协作有利于提高学生的学习效率，开发学生的思维。

4. 自主协作体育教学模式的特点

（1）创造性。教师引导学生提出问题，促进学生通过思考探究与合作讨论产生集体发散思维。在自主协作体育教学模式中，小组发现问题，在思考讨论交流中，能够增加学生的见识，发散思维，找到解决问题的办法。例如，在标枪教学中，针对错误的出手角度动作，学生分组讨论发生错误的原因，可以大大提高学习效率。

（2）育人性。有效促进全体学生的全面发展。例如，在长跑教学中，小组的鼓励帮助与竞争、教师的鼓舞、对长跑技术要领的探讨交流、小组间的互相配合等都能使学生克服心理障碍，培养耐力与意志力以及团结协作的精神。

（3）主体性。在教学中，教师只起指导和评价的作用，所以应改变传统教师讲解示范、学生练习的方式，通过充分挖掘每个学生的潜能，让学生自主学习，成为学习的主人。例如，在田径接力传接棒教学中，教师先引导学生主动对传接棒技术进行探索性的体验，再让学生根据对已有知识的理解，结合自己之前对传接棒技术的认识进行分组练习，如此便能更好地掌握握棒的方法和传接棒的时机。

（4）团队性。小组内学生在共同学习、分享经验的过程中应学会互助与配合，学会在小组中承担责任，养成合作与共享的品质。例如，在教学中，教师可要求小组成员一同完成任务，使学生明白分工协作、共同探讨解决问题的重要性，提升学生的集体荣誉感。例如，在100米接力全程跑教学中，小组共同讨论，根据组员的特点，确定传接棒的顺序。

（二）自主协作体育教学模式对学生的影响

1. 自主协作体育教学模式对学生自我效能感的影响

自我效能感主要指的是个人能否对自己完成的行为进行推测和判断。自我效能感越强烈，完成行为的动机就会越持久。遇到困难挫折，自我效能感低的人更容易放弃，拥有较强自我效能感的人则会迎难而上，以更大的努力迎接挑战。较低的自我效能感可能让学生在教学中表现与锻炼的欲望降低，如果遭受困难，学生更易体现挫折感、失望等消极的情绪，不利于学生身心的发展。在自主协作体育教学模式中，既有自主协作，又有竞争。一般情况下，自主协作模式多以小组形式呈现，各小组之间的自主协作有利于克服困难，同时通过小组内与小组间的竞争，使学生增强积极向上的情绪和集体荣誉感。

在自主协作体育教学模式中，协作小组的学习任务不是由个人完成的，而是所有成员共同承担，每个成员都有自己的任务，分工协作才能完成任务。这种模式改变了学生在常规体育教学模式下养成的对教师的依赖性，而转向学生自主学习和小组成员间的团结协作。同时，强调小组成员都要为自己的学习负责，使学生学习的责任感增强。在自主协作体育教学模式下，既能够有效提高学生的自我意识，促进他们个性特长的发展，使他们表现出对体育学习的责任感，学会对体育学习的评价，形成一种更积极向上的态度，又能让学生的情感体验得到提高，更加主动、自信地学习，尝试和完成动作，敢于接受挑战、战胜困难，进行自我观察、自我判断和自我反应或反馈，从而表现出较高的身体自我效能感。例如，在练习中，学生意识到个人与小组其他成员之间是协作关系，有利于调动学生积极性，一旦遇到难题，可以通过小组的讨论协作，互帮互助，更好地解决问题，提高学习效率。

2. 自主协作体育教学模式对学生认知策略的影响

认知策略是学习者加工信息的一些方法和技术，其基本功能有两个：一是对信息进行有效的加工与整理；二是对信息进行分门别类的系统储存。

在自主协作体育教学模式中，教学氛围比较活跃，教师鼓励和引导学生自主学习。例如，在课的开始，组织学生进行热身操，鼓励学生自主编排，进行演示，再评价；在基本部分的练习过程中，引导他们创编练习内容和方法，等等。这样，不仅能够让学生更加正确地认识自己的兴趣、爱好、学习习惯、能力与其他学生之间自身存在的个体差异性，克服在认知方面的不足，针对不同的教学内容采用不同的适合自己的认知策略，激发学生学习的积极性，而且能够和小组成员共同探讨最佳的练习方式和改进方案，制订周密的学习计划，从而不断提升自我。

3. 自主协作体育教学模式对学生考试焦虑的影响

考试焦虑是一种复杂又持续的担心、紧张或忧虑的情绪状态。在考试前后，考生会出现焦虑心态。在这种心态的支配下，考生开始怀疑自己的能力，自信心下降，自我调控能力降低，并伴随着一系列生理和心理变化，心跳加速、出汗、食欲不振、睡眠障碍等，严重影响学生身心健康。

在自主协作体育教学模式中强调的是小组协作，淡化小组成员内的竞争，这有利于学生的学习目标定位，把学生的注意力更多地转移到掌握知识和技能，提高学习能力上来，而不是一味地为争第一而学习。小组成员彼此比较了解，能够将自己与其他成员进行客观的比较，从而发现自己的优势和劣势，制订适合自己的学习目标，承担适合自己的学习任务，共同完成学习任务，更好地发挥自己的潜能。学生分为不同小组，小组内可以实现良好的交流和沟通，共同学习和提高。这种模式对人际关系的改善有极大的作用。从情绪上看，在合作学习的过程中，学生经常面带微笑，心情愉快。加上教师的引导，整个氛围很轻松，抑郁和焦虑的情绪得以缓解。另外，学生不是被动地接受外来信息，而是主动选择，在小组配合与帮助下，容易取得较快的进步，同时由于自己的表现好坏关系到群体的整体表现，学生的责任感大大增强，练习的紧迫感和主动性也大大提高，成绩的提升比较明显。在设置目标上，根据学生自身情况在“最近发展区”内选择，有助于培养学生树立正确的世界观、人生观、价值观和顽强的意志。特别是当小组成员遇到自己不能解决的问题时，可以向其他小组成员或教师求助，顺利完成学习任务。这种成功的体验能够使学生克服自卑心理，激发成就动机，为所确立的目标而刻苦努力。

4. 自主协作体育教学模式对学生自我调节的影响

自我调节是指学生直观感官从不稳定到稳定的状态。自我调节的过程具体体现在学生根据不一样的行为中存在的不同评价，对自我表达进行观察的过程；为自己的行为确立某个目标，以此判断自己的行为与标准目标之间的差距并引起肯定的或否定的自我评价的过程。人一生中不管受过多少训练，做过多少心理准备，总会遇到困难挫折，此时我们应该沉着冷静地应对，发现问题，自我调节，解决问题。

在自主协作体育教学模式下，体育教师多通过对教材的理解与处理，关注学生的需求，了解学生的学习情况，从学生的实际出发，给学生更多自由支配、自主思考的时间和空间，鼓励学生自主学习，充分调动学生学习的积极性，激发学生学习的兴趣，促进学生独立思考解决问题。小组成员通过不断地自我提问与相互提问、自我观察与相互观察、自我监控与相互监控、自我评价与相互评价，可以更加明确地知道什么内容已经掌握，什么内容还不明白，需要往什么方向努力，反思自己成功的经验、失败的教训，纠正不良的学习行为与习惯。学生通过不断完善自己的学习方法，对自己的学习情况进行分析，知道自己哪些知识已经掌握，哪些知识没有掌握，从而采取有效的学习策略，积极反馈，调节其学习行为和学习态度，及时地修正策略，灵活地运用学习方法，不断地促进学生自我反省，提高解决问题的能力，使自己会学、善学、乐学。例如，学生在体育教学中有时没有意识到自己的错误，体育教师可通过讲解指导或者让合作小组中的体育骨干代替教师进行示范或提供相关信息，让学生得到正确的反馈信息，并主动对错误进行分析和纠正。

二、运动处方教学模式

（一）运动处方教学模式概念

运动处方教学是指为了取得预期的教学效果，教学方法与学员的认识规律相适应，以身体锻炼为主要手段，以增进学生健康为主要目的的教学方式。运动处方教学具有以人为本、以学生为主、讲求实效等优点。运动处方教学既是体育教学理论体系的具体化，又是体育教学经验系统化、理性化的概括。

有的学者运用体质健康评价与运动处方系统，结合高校体育教学的特点，在某省八所高等院校的部分教学班进行了“处方教学模式”的实验研究。实验结果表明，处方教学模式在高校体育教学中的实施能充分体现体育教学的多样化及实际、实效、实用的特点，能够根据学生的具体实际制订科学的运动处方，进而为学生更好地进行体育运动锻炼提供必要的条件。

有的学者通过多种教学方法的合理使用对健身运动处方教学模式的科学性、可行性、可操作性、独创性进行分析研究。结论是运动处方教学模式能够针对学生身心发展的规律——不同年龄、不同性别的学生的身心发展有不同的特点，使他们在德、智、体诸方面得到全面发展，最大限度地补偿其缺陷，建立一种有利于学生个性发展和终身体育的体育教学模式，是一种深受学生欢迎的、科学的体育教学模式。

有的学者对运动处方的国内外研究现状与发展趋势、我国运动处方研究面临的问题进行了深入的探讨。该学者指出，同国外运动处方的研究相比，我国运动处方仍然存在一系列突出的问题，主要表现在以下几个方面：运动处方的系统科学研究明显不足，许多研究样本少、规模小、指标低、时间短，多学科协作的水平相对不足；个性化研究一直比较薄弱，部分人群的运动处方研究尚未起步，尤其是对包括高血压、骨质疏松症等在内的研究在精确度和科学化水平上有待提高；运动处方的普及工作需要进一步展开，简洁化和实用化亟待研究和破解；缺乏运动处方方面的实用型人才，人才队伍建设水平迫切需要提高。

无数的实验和研究已经证明，同传统体育课教学模式相比，我国高校运动处方教学能够有效提高学生的身体健康水平，增强他们的身体素质，大大推动学校体育向健康体育的转型，效果明显。从微观角度看，这种模式对提高学生的健康，使其养成体育锻炼的习惯大有裨益。从宏观角度看，这种模式完全契合高校体育课和高等教育改革的内在要求和发展方向，实现了体育锻炼内容同传统体育教学内容的完美对接。可以说，运动处方教学是一种全新的体育教育改革试验，涵盖了教学指导思想、教学目标和任务、教学结构和方法以及教学实践体系的构建等诸多方面的内容。

（二）运动处方教学模式的特点

运动处方教学模式具有科学性、针对性、实效性等特点。运动处方教学模式是以学校和学生的实际情况为依据的、针对性很强的循环式体育教学模式，具备自我完善、自我发展、不断优化的科学特点，比较注重学生主体性的发挥和自主学习能力的培养。学生可在教师的帮助下，根据自己的实际情况制订并执行适合自身发展的运动处方，养成体育锻炼的习惯和终身体育的意识。①

第一，运动处方教学模式具有较强的科学性。运动处方在实施过程中将每位运动参与者的测试数据进行统计处理和分析，并遵循运动处方实施的原则和要求。因此，这种教学模式具有较强的科学性。

第二，运动处方教学模式具有较强的针对性。运动处方教学模式的设计和制订是建立在分析和评价不同学生体质状况基础上的。学生的体质不同，相应的运动处方也不同。运动处方教学模式是根据不同学生的体育兴趣和体育需求来制订和实施的。因此，运动处方教学模式具有较强的针对性。

第三，运动处方教学模式具有较强的实效性。运动处方的实施过程是在不同学生及不同环境下进行的，在对学生的身体数据分析之后，参照学校的具体情况及不同的环境和气候情况等因素而制订的。因为运动处方的实施是在教师的指导下，学生进行自我监督和实践的，运动处方的调整和反馈比较及时，并且在实施运动处方过程中学生可以不断进行自我调整和完善，所以运动处方教学模式对学生的体育锻炼的指导作用明显，实施的效果很好。因此，运动处方教学模式具有较强的实效性。

（二）运动处方教学模式在大学体育教学中的实验过程

对大学生进行分组对比实验。学生总共 240 人，均是参加体育必修课的学生，其中 120 人选修了运动处方课，定为实验班；另外 120 人未选修，定为对照班。实验班按照运

---

① 吕晓龙．高校学生健身运动处方模式的应用及效果分析［J］．体育风尚，2018（12）：232.

动处方教学模式进行教学，对照班依照普通高校体育课教学大纲的要求，按教学进度进行常规教学。

1. 实验班教学过程

第一，实验班根据实验前学生身体素质和体质测试结果，按照运动处方的制定原则，根据自身的体质和实际情况，在教师的指导下制定出适合自己的运动处方。第二，在教师的指导下实施自己的运动处方。在运动处方实施过程中，学生应经常和教师沟通，及时反馈自己的实际情况。第三，及时检验运动处方的实施效果并根据实施过程中出现的问题对运动处方做出相应的调整。

2. 对照班教学过程

对照班依照学校体育教学大纲的要求，按正常教学进度进行常规教学。

3. 实验周期与内容

两种教学模式的实验周期为 18 周，实验前对两个班 240 个学生进行体质测试。测试项目包括 12 分钟跑、100 米跑、立定跳远三方面，分别测试学生的耐力、速度和腿部力量。学生体质测试的标准采用《国家学生体质健康标准》，学生的各项体质测试成绩在 80 分以上，定为优秀。主要统计实验班和对照班学生的优秀率。实验结束后把实验班和对照班学生的各项体质测试数据进行对比和分析，得出相应的实验结果。

4. 运动处方教学模式在大学体育教学中的实验分析

240 名学生的身体测试结果如下：实验前，12 分钟跑方面，实验班达到优秀的学生有 50 人，优秀率为 42%；对照班达到优秀的学生有 55 人，优秀率为 46%。立定跳远方面，实验班学生达到优秀的有 68 人，优秀率为 57%；对照班学生达到优秀的有 62 人，优秀率为 52%。100 米跑方面，实验班学生达到优秀的有 62 人，优秀率为 52%；对照班学生达到优秀的有 64 人，优秀率为 53%。实验前学生的身体素质和体质测试结果显示，实验班与对照班学生各项身体指标均无显著性差异。

(1) 经过 18 周的运动处方教学实验后，在 12 分钟跑方面，实验班达到优秀的学生有 101 人，优秀率为 84%；对照班达到优秀的学生有 75 人，优秀率为 63%。立定跳远方面，实验班学生达到优秀的有 106 人，优秀率为 88%；对照班学生达到优秀的有 69 人，优秀率为 58%。100 米跑方面，实验班学生达到优秀的有 89 人，优秀率为 74%；对照班学生达到优秀的有 67 人，优秀率为 56%。实验结果显示，实验班和对照班学生的身体素质都有不同程度的提高，但实验班学生的各项身体指标比对照班学生的相关指标增长幅度明显。实验证明，运动处方教学模式和传统体育课教学模式都能促进学生的健康，提高学生的身体素质，但运动处方教学模式在促进学生的身体健康，提高学生的身体素质方面，效果更加明显。这说明运动处方教学模式可以促进学生的身体健康，有效提高学生的身体素质，该教学模式在体育教学中具有较强的针对性和实效性。

（2）实验结果显示，实验班学生在12分钟跑、立定跳远、100米跑等身体素质方面的数据好于对照班的学生。主要原因是实验班的学生实施了有氧运动和速度力量练习为主的运动处方。实验班学生在开始制定运动处方时，就根据自己的实际情况，在教师的指导下，按照运动处方实施的原则和方法制定适合自己的运动处方。教师通过与学生的交流与沟通，在了解学生的实际情况后，针对普遍存在的耐力和速度力量较差的情况，把发展全身耐力和速度力量素质作为重点，全面进行身体锻炼。在运动处方实施过程中，把有氧运动和速度力量练习作为主要方式，取得了明显效果。这说明运动处方教学模式具有较好的灵活性，可以加强师生的交流与沟通，营造民主和谐的教学氛围，有效提高教学质量和教学效果。

（3）实验班和对照班学生实验前后的各项数据和成绩对比的结果显示，实验班学生的各项成绩与实验前比较，有显著的差异。实验班学生的优秀率大幅度提高，对照班学生实验前后的各项成绩无明显差异。主要原因是实验班学生在实施运动处方模式的教学过程中，学会了根据自己的体质制定适合自己的运动处方。在实施运动处方的过程中有效控制了体育锻炼的运动强度和运动量，并对自己的弱项加强了练习，使身体素质得到全面协调的发展。由于实验班学生掌握了运动处方的相关理论，所以在体育锻炼的主动性和自主性方面，实验班学生要优于对照班的学生。这说明运动处方教学模式具有一定的可行性和科学性。

（四）运动处方教学模式的发展趋势

现今，在运动处方教学的研究和应用方面，高校已经取得了一些突破和成绩。例如，提高学生身体素质、控制肥胖、提高学生运动能力等方面的研究日臻完善，各种研究成果日新月异，并逐渐涉及一些新领域的研究。但是，总体而言，运动处方教学的发展水平有限，还有很大的上升和发展空间。经济发展、科技进步和学校教育环境的改善都为运动处方教学的发展开辟了道路。[①] 人们的思想观念得到极大的转变，更愿意接受先进的事物，这是改变目前现状的决定性因素。我们有理由相信，经历一段新的发展时期后，运动处方教学模式将被高校普遍采用，其普及范围会更广，研究领域会更宽，应用程度会更深，实施效果会更好。

三、“生态体育”教学模式

“生态体育”教学模式要求学生与自然、社会亲密接触，运用适当的体育教学手段，实现对参与者灵魂和肉体的双重历练，并通过汲取大自然的精神力量，获知一定的社会知

---

① 杨春玲，王钟音，张茜．健身运动处方教学模式对提高医学生身体素质的作用研究［J］．继续医学教育，2015，29（9）：38—39.

识与经验，培养学生的适应力和生存力。将“生态体育”教学模式运用到高校体育教学中，能够丰富教学内容与教学模式，实现教学手段的多样化，激发学生学习的积极性，提升大学生的人文素养和心理健康水平，增强其环保意识。在生态环境恶劣的今天，通过高校体育课程设置的优化与改善，积极引导这一新的教学模式走入校园，不失为一种生态教育的积极做法。①

（一）“生态体育”的研究现状及其概念

生态学作为一门较为年轻的学科，发展较快，无论是研究领域的广阔性还是与其交叉学科的数量，都是非常突出的。当下，教育生态学研究日渐兴盛，然而在我国，体育生态的研究明显滞后。面对世界生态革命、低碳生活的浪潮，体育界正在深刻地反思和研究现代体育所面临的生态问题，积极探索“人—体育—自然”和谐发展的基本途径和发展策略，以实现体育的可持续发展。尽管发展生态体育涉及社会、自然等诸多因素，但其基本途径仍然是社会体育和学校体育。众多学者对“生态体育”进行了研究与分析，虽较其他学科发展显得稚嫩，但也为高校体育教学改革指明了方向。这些学者从不同的角度对“生态体育”进行了阐述与介绍，特别对其在完善和充实高校体育课程方面进行了详尽的论述。综合研究发现，目前我国“生态体育”的研究基本上是零散的、移植的和提出问题式的研究，总体上显得单薄；虽未冠以“生态”，但与其相近或内容相契的体育研究较多，为现在及今后“生态体育”的研究与发展奠定了基础。由此可见，“生态体育”教学模式得到了大多数学者的认同，彰显了时代气息。

（二）“生态体育”的特性

“生态体育”的提出丰富了高校体育教学手段和教学模式，拓展了教学环境和教学场地。“生态体育”的特征有以下几点：

1. 时代性

从“更高、更快、更强”到“更干净、更人性、更团结”理念的转变，使奥林匹克运动更加符合时代的强音，真正体现了全球各民族平等和全人类的和谐发展，从而为体育发展提供了更为广阔的空间。在“生态体育”理念下，各个高校应该结合当今社会发展的特点和高校教育改革的要求，紧扣时代脉搏，创编适合自身特点的高校生态体育课程。

2. 自然性

“生态体育”是指让学生走出原有意义上的课堂，融入大自然生态环境和社会生态环境中，在教学过程中充分利用自然资源，让学生在感受自然气息的同时获得身心发展，提升内心体验，从而提升学生热爱自然、保护自然的意识，使人类与自然和谐相处。在体育

① 郭荣菊，郭荣娟．试析“生态体育”教学模式在高校体育教学中的应用［J］．菏泽学院学报，2012.34（2）：135－138.

锻炼中，无论人们是为了追求外在的身形之美还是为了达到内在的身心愉悦、延长寿命，健康始终是人类不懈追求的目标，而这些正是生态体育的内在体现。这种生命的延续性正是生态体育的可持续性的最直接的体现。

3. 适应性

在某种程度上，生态体育的适应性可以理解为主动适应和进化。随着社会的发展和21世纪对新型体育人才的需求以及高校体育人才培养模式的变更，对体育人才的培养要摒弃目标单一、重专业轻基础的“专才型”培养模式，而转向适应社会发展、面向未来，重基础、重个性、重素质等方面的人才培养模式。及时转变教学理念，改革教学方式，建立新的教学模式，让学生由“要我学”变为“我要学”。

4. 层次性

现代体育生态系统是一个由政治、经济、文化、教育、科学、信息网络及其他系统构成的多因子、多层次的复杂系统，从本质上讲是一个“自然—体育—社会”的大系统，而人的主观能动性影响并制约着体育环境效能的发挥。因此，高校体育教学必须充分考虑人对生态体育不同层次功能发挥的影响，挖掘各个层次对体育的效能，通过对人的管理，实现体育的可持续发展。

（三）“生态体育”教学模式在高校体育教学中应用的利弊

1. “生态体育”教学的有利因素

（1）对大学生心理健康的影响。大学时期是大学生处于即将步入社会但又不成熟的阶段，也是其世界观、人生观、价值观形成的重要时期，无论在生理机制还是心理方面，都还不能完全融入社会。因此，必须对他们加强管理，让他们树立正确的人生态度，同时加强心理引导，避免学生在校期间荒废学业与青春。“生态体育”对学生的心理有积极的影响，尤其在改善社会交往、抑郁、焦虑等方面作用明显，能有效地改善学生的心理健康状态。同时，学生在自然环境中更能激发其锻炼的兴趣与学习的热情，减少厌学、逃学现象的产生。

（2）“绿色奥运”的成功举办为高校“生态体育”发展模式提供了模板。2008年北京奥运会的成功举办为世人打开了一篇和谐的篇章。“绿色奥运、科技奥运、人文奥运”的理念在奥运场的软件、硬件设施上处处得以体现，“绿色奥运”的理念渐渐成为继“和平奥运”之后的主旋律。由此可见，高校在推进“生态体育”的教学模式时可以借鉴其理念与方式，灵活运用，让“生态体育”成为高校体育教学的有效助力。

（3）高科技在高校的运用为构建“生态体育”体系提供了物质保障。全球的生态环境日益恶化，简单地通过大自然的自身修复是难以恢复原有状态的。现代化高科技在体育设施及相关领域中的运用是可以缩短生态环境自身修复进程的。高科技手段在“生态体育”

中的运用必然会增强“生态体育”教学模式在高校开设的优势。

2.“生态体育”教学的消极因素

(1) 生态意识的淡薄。在对我国59所高校3500多名大学生参与的“大学生生态保护意识调查”显示：多数大学生对生态知识不太了解，整体保护生态的意识淡薄。大学生是倡导、推动环保事业的主力军，但其对生态保护的理解和认识并不深刻，多数情况下仅停留在参与活动的层面，而且不能将这种认识在生活中有效地体现出来。这不仅不利于大学生整体素质的提高，而且对促进生态保护事业有一定的负面影响。

(2)“生态体育”课程设置不完善。近年来，虽然有不少学者对“生态体育”进行了研究，但调查发现，真正采用“生态体育”教学模式的学校极少，有些院系虽然尝试着开始了小高尔夫球、钓鱼、定向运动、木球、拓展训练等课程，但仅作为新课程的尝试，并没有形成高校体育教学系统的统一认识。因此，“生态体育”教学模式缺乏实践研究，需要有敢于尝试者先行，形成局面，带动整体发展。

(3) 自然和社会生态环境的恶化。当下，环境问题日益严重，臭氧层破坏，荒漠化加快，土壤沙漠化、盐碱化、沼泽化，森林面积急剧减少，矿藏资源遭到破坏，野生动植物和水生生物资源日益枯竭，旱涝灾害频繁。另外，城市化和工农业高度发展而引起的“三废”(废水、废气、废渣) 污染、噪声污染、农药污染等环境问题使人们在享受现代文明带来的便捷与舒适的同时，遭受到了来自大自然的报复。自然环境和人文环境的恶化给我们进行“体育生态”教学带来诸多制约因素。

四、俱乐部教学模式

(一) 体育教学俱乐部的概念

俱乐部一词源于欧美，亦称总会，为社会团体和公共娱乐场所的总称。在我国，各种文化娱乐、体育活动等场所也被称为俱乐部。

俱乐部有一定的地理区域范围，该区域范围内存在着有一定关系的人群，俱乐部具有相对的独立性，成员拥有相对一致的利益，某些需求可在俱乐部中得到满足。我国上海辞书出版社出版的《辞海》对俱乐部的解释如下：具有某种相同兴趣的人进行社会交际、文化娱乐等活动的团体或场所。

由于体育俱乐部的多样性和复杂性，明晰体育俱乐部的概念显得更加重要。体育俱乐部大体上可分为业余、职业和商业三大类。业余体育俱乐部是一个非营利性的、业余的、自愿的、自治的群众性体育组织。体育俱乐部是一种社会组织，是“人的集合”，是从事体育活动的社会组织，是自发的社会体育组织，是一种由社会兴办的开展体育活动的基层组织。体育管理部门对体育俱乐部界定如下：体育俱乐部是指由企事业单位、社会团体和公民个人利用非政府财政拨款举办的，以开展体育活动为主要内容的基层体育组织。

学校作为一个非营利的实体，应归到业余体育俱乐部这一类别中。体育课程既要突出课堂教学，又要服务课外活动。学校体育的主要形式是体育教学，以体育俱乐部形式进行教学，应该遵循教学的规律，即在教师指导下，自由选择项目、教师、上课时间。具有共同体育锻炼爱好的大学生基于生理、心理、社会和自我完善等需要，以素质教育、健康教育为目标，以学校体育场馆为依托，围绕某一运动项目，从大课程观出发，把体育教学、课外体育活动、群体竞赛、运动训练四者有机地融为一体并纳入课程之中，成为一种综合的体育教学形式，即“体育教学俱乐部”①。

（二）体育教学俱乐部的特点

1. 新颖的教学组织形式

体育教学俱乐部打破了年级、专业限制，按学生需求和水平分层教学，教师按项目分A、B、C三个级别进行教学，这样既发挥了教师的专项特长，又有利于学生最佳情感的体验，符合因材施教的原则，是对学生最适宜的教学组织形式。

2. 明确的培养目标和指导思想

高校体育教学俱乐部以终身教育为目标，要求每一个学生都要学会自我锻炼、自我诊断、自我评价。体育教学俱乐部模式结合高校体育教学实用性、多样性、社会性、娱乐性的特点，以终身体育为指导，将增强学生体育锻炼意识，掌握体育锻炼技能、方法，养成锻炼习惯，提高身心健康水平和社会适应能力作为教学的出发点和归宿。立足“课内增知，课外强身”的指导思想，体现“以人为本”的教育思想，围绕运动参与目标、运动技能目标、身心健康目标、心理健康目标和社会适应目标开展体育活动。

3. 学生参与教学与组织管理

体育教学俱乐部把学生的兴趣爱好放在第一位，在强调教师主导地位的同时，更加注重学生主体地位的发挥，如把组织、管理、活动等权利交到学生手中，提高了学生学习的积极性，增加了学生学习的主动性；让学生参与其中，不仅培养了部分体育骨干，更重要的是让学生掌握了体育锻炼的方法，养成了体育锻炼的习惯。② 他们用课堂上所掌握的体育锻炼的手段、方法指导课外体育锻炼，在体育教学中实现了有形效果和无形效果的统一、教育的短期效应和长期效应的统一。

4. 课内外一体化，拓展体育时空

体育教学俱乐部模式以传授理论知识、培养兴趣、增强体育意识、掌握运动技能为

---

① 孙万莉．高校体育俱乐部教学模式存在的问题分析及优化策略研究［J］．大陆桥视野 2020（8）：110－113.

② 张强，蒋宁，陈诗强．浅析自主一合作体育俱乐部教学模式的教学设计［J］．玉林师范学院学报，2015，36（5）：75－79，84.

主，是实现体育课程目标的有效方式。对于学生而言，课内学习运动技能，课外通过课内所学知识指导课外实践，并在教师、体育专业高年级学生或体育骨干的帮助下，通过参与俱乐部组织的各种锻炼和形式多样的校内外群体竞赛活动，可以获得体育运动的乐趣，提高运动技能，养成锻炼习惯，实现课内外一体化。

（三）高校体育教学俱乐部存在的问题

1. 目标定位不清晰，教学大纲过于细化

大学体育中无论是体育教学还是课外体育，学生都存在着从不能独立到逐步独立，再过渡到完全独立的过程。年级越高的学生，其独立进行体育活动的能力越强。学校在教学大纲中对基本目标、发展目标都有说明，在具体的目标中则没有体现。为此，体育教学俱乐部在具体目标方面更应突出运动技能的掌握和态度、习惯的养成两个方面。另外，教学大纲灵活性较差，过于细化，各项目学习时数与学习内容规定过死，无形中约束了教与学双方在教学过程中的灵活性与创新精神，使教师成为机械执行大纲的教学机器。因此，制定教学大纲的指导思想必须转变，不必规定太多的必修项和严格的时数分配，而应在大纲提倡的总框架下适度自主，让教师和学生有较大的空间对各个项目进行合理搭配。

2. 体育教学俱乐部缺乏文化支撑

在调查中，很多俱乐部的教师只是为了教学而教学，没有将文化这一核心层面贯穿到教学中。一个成功的体育教学俱乐部不能没有自己的俱乐部文化和相对完善的理念。每个俱乐部都应有属于自己的体育文化，有自己的理念，并要宣扬这种理念，传播它的文化，从而引申出更多技能以外的东西。这就要求教师在教学中不仅要把运动技能教授给学生，而且要把这一运动项目的文化贯穿体育教学的全过程。另外，我们不能盲目模仿其他学校的做法，要结合本校的优势和特点，把握其文化特征，寻求文化支撑，构建自己的俱乐部文化。在此建议一些高校可以开设民族体育选项课程。各高校可以根据目前的条件，适当地选择踩高跷、舞龙等中国传统体育项目和当今世界流行的飞镖、跆拳道以及本地区具有民族特色的民族体育作为教学内容。因为民族体育是原生态的体育，这些运动项目可引申出对非物质文化遗产的传承，能够使俱乐部发挥文化传承作用。

3. 场地、器材匮乏

体育教学俱乐部要求有充足的场地和器材，虽然有70％的教师认为场地、器材基本能够满足学校正常的体育教学和课外活动，但仍有30％的教师认为不能满足。场地、器材的不足制约了教师专项水平的发挥，限制了某些项目的开设，制约了俱乐部的开展、学生学习体育的热情和体育兴趣的培养。对于一些热门项目，由于场地限制，未能满足学生的需求，造成“僧多粥少”的局面，更违背了体育教学俱乐部的精神和宗旨。

（四）高校体育教学俱乐部的运作模式构建

根据我国普通高校开展教学俱乐部的现状，借鉴国内外体育教学俱乐部的成功经验，以管理学和系统科学为理论基础，充分挖掘教学俱乐部理论的内涵，本部分初步构建了我国普通高校体育教学俱乐部的运作模式，具体如图6－2所示。

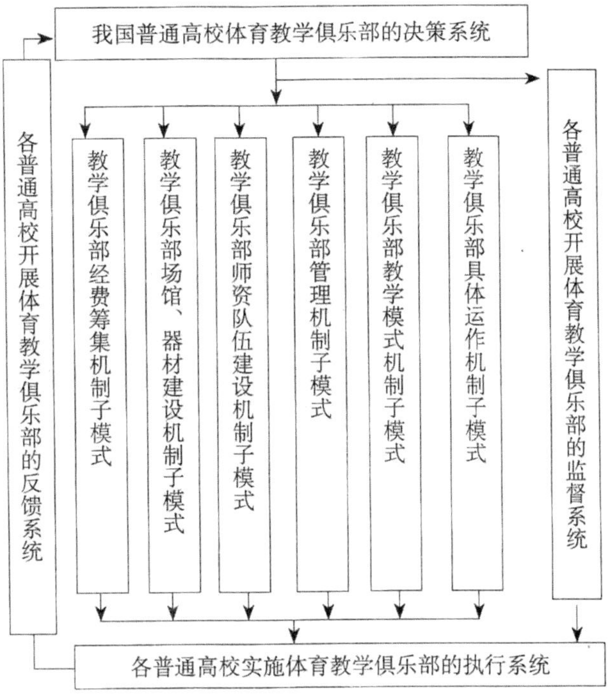

图6－2　高校开展体育教学俱乐部的运作模式

其中，运作模式中系统的宏观、微观构建如图6－3、图6－4所示。

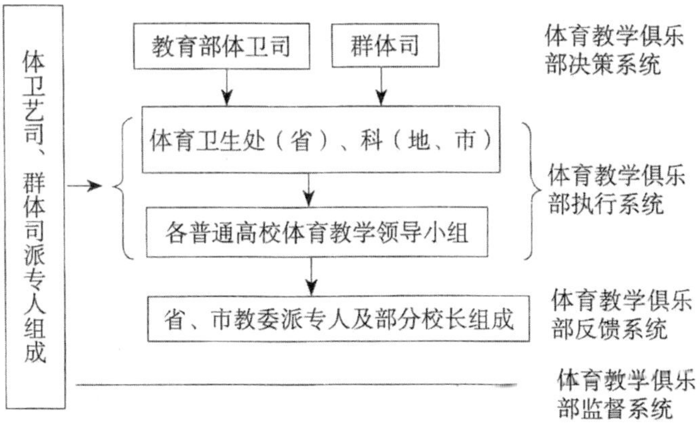

图6－3　高校开展体育教学俱乐部系统的宏观构建

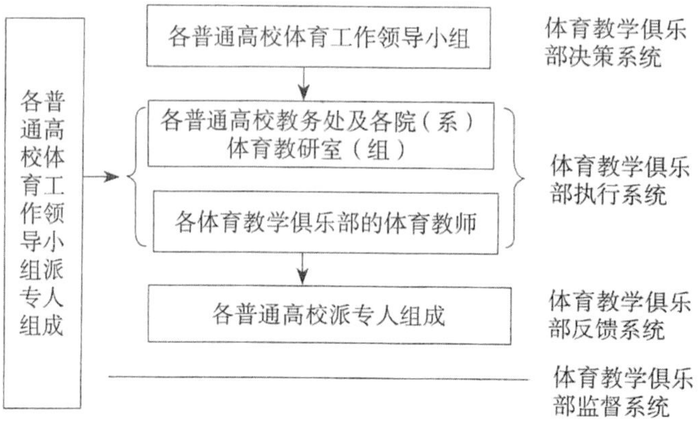

图 6-4　高校开展体育教学俱乐部系统的微观构建

五、“三联互动”教学模式

高校体育教学改革一直是广大高校体育教师积极探索和创新的重大问题，目前已经创造出许多新的教学模式，不仅体现了高校体育教师的创新精神，而且有效地提升了高校体育教学质量和教学效果，取得了显著的成效。在我国大力实施“人才强国”战略的历史条件下，高校体育不仅承载着提升学生身体素质的任务，而且承担起培养学生心理健康、人格健全的任务，而且由于大学是90%以上学生在校学习的最后一站，因而要承担起激发学生体育意识和培养学生终身体育的任务。只有这样，才能体现高校体育教学的科学性和持续性。要想达到这些目标，就应当将开放教学、自主教学、体验教学紧密结合起来，大力实施“三联互动”教学模式，着力发挥高校体育教学的综合作用。

（一）基本内涵

高校体育“三联互动”教学模式就是将开放教学模式、自主教学模式、体验教学模式紧密结合起来，形成相互融合、相互促进、相互支撑的一个有机整体，通过开放式教学为自主式教学和体验式教学创造条件，通过自主式教学和体验式教学更好地推动开放式教学，以此提升学生的学习积极性、主动性和创造性。

1. 开放教学模式

“开放”就是高校体育教学要改变过去传统的“封闭教学”理念，着力提升高校体育教学的灵活性、选择性和广泛性，树立“开放教学”理念，建立“开放教学”系统，使高校体育教学充满生机和活力。高校体育教学开放式教学模式并不是某一个方面的开放，而是各个方位的开放，既要开放教学内容、教学方法、教学评价，又要开放教学组织、教学时空、教学领域，充分发挥好教师和学生两个主体，充分利用课内与课外两个载体，充分用好校内与校外两个平台，通过开放式教学提高体育教学效果。

2. 自主教学模式

“自主”就是通过鼓励、支持、引导教学，让学生自主进行学习，着力培养学生的体育意识和自学能力。之所以提倡“自主”，是因为只有学生愿意学习体育、喜欢学习体育，才能真正地投入体育学习当中，才能自觉地掌握和领会科学的学习方法、锻炼流程，使学生具备更强的学习动力、学习毅力和学习能力，形成良好的体育意识，进而推动学生开展终身体育。

3. 体验教学模式

“体验”就是高校体育教学要把“体验式”教学作为重要教学模式，将体验作为一种新的教学价值观，通过学生在体育教学中的体验焕发体育教学的生机与活力，通过学生的积极参与和全心投入，让学生在教学体验中有所感悟、有所启发、有所提升，在体育运动中品味生活、领悟人性。①

（二）基本特征

“生活化”是高校体育“三联互动”模式最为显著的特点。“三联互动”模式能够将高校体育教学与学生的日常行为紧密联系起来，特别是通过教学内容的生活化、教学组织的生活化、学习过程的生活化、学习效果的生活化，让学生在学习体育过程中养成良好的生活习惯，并且将体育与生活融合起来，使高校体育教学体现“以人为本”的教学理念，为大学生未来的健康生活奠定重要基础。

（三）核心理念

高校体育“三联互动”教学的核心理念主要是培养学生的健壮身体、健康心理、健全人格和终身体育意识。在高校体育教学开放的环境和资源条件下，学生通过教师的引导教育，可以根据自身的身体情况、兴趣情况和需求情况，自主地选择体育学习项目、学习时间和学习方式，培养体育意识。

（四）实施策略

1. 确立学习目标

学生通过自身状况及教师的指导意见，提出自己在某一学段或某一时期内应努力的方向，明确阶段性学习目标。在学习目标确立过程中，教师必须充分发挥指导、引导、教导“三导”作用，通过行之有效的教学策略组合，使学生能够根据身体健康、运动兴趣、运动参与、心理健康和社会适应等方面的具体细则，形成符合自身学习实际、运动实际、发展实际的学习目标。确立了学习目的标后，大学生更加具有主观能动性，对学习体育的动机具备了“自主性”，便可以很好地激发其学习兴趣和学习激情。

---

① 姜洋梅朵．“三联互动”在高校体育教学中的应用探析［J］．湖北函授大学学报，2014，27（12）：133－134.

2. 制订学习计划

学生应根据自己已经确立的学习目标制订详细、具体、可操作的学习计划。在学习计划制订过程中，教师仍然要发挥好引导作用，对学生制订的学习计划逐一进行分析，并帮助学生更好地完善计划。同时，教师要积极引导学生相互之间进行沟通交流，互相提出意见建议，使每个学生的学习计划都能够符合自身实际。

3. 诊断学习情况

在开展“三联互动”教学过程中，教师要对学生的身体健康、运动兴趣、运动参与、心理健康和社会适应等情况进行调查和诊断。通过沟通交流或利用网络等载体对学生进行教学指导、教学引导和教学管理，让学生在已经建立好的诊断体系指标中选择适合和符合自己实际情况的，再通过教师自身或借助计算机辅助软件进行综合分析，对学生提出反馈结果和意见建议。对学生学习情况进行诊断，教师能够有效掌握学生的学习兴趣、学习意识、学习项目、学习特点等一系列情况，做到心中有数，从而为更好地开展“三联互动”教学奠定基础。

4. 贯彻学习内容

在这一阶段，教师要根据学生制订的学习计划全面开展学习活动。鉴于每个学生选择的学习内容不尽相同，教师应当结合不同情况采取不同的学习方式，但总体上应当分为三个基本阶段：一是引导与尝试体验阶段；二是指导与主动体验阶段；三是协助与自主体验阶段。在引导与尝试体验阶段，教师可引导学生了解学习内容、基本特点、学习意义，并开始尝试进行学习体验，提升学生学习意识；在指导与主动体验阶段，教师应由引导变成指导，更多地体现学生的主体地位，指导学生发挥主观能动性，使学生能够运用学习策略来获得学习经验；协助与自主体验阶段是“三联互动”模式的核心阶段，也是时间最长的阶段，教师要协助学生运用更好的学习策略提高体育学习能力，并适时对学生的学习效果进行评价。

第三节　体育教学模式的创新实践发展

一、高校体育教学模式存在的问题

（一）课程内容的设置与学生需求存在差异性

在对教师的调查中发现，高校体育教学内容以室外课为主，体育理论课开设较少，开设的理论课内容多为运动技术、技能的讲解。有的教师遇到风雨天气会让学生上自习，在他看来，这样也算上了体育理论课。因此，学生对体育理论课评价一直很一般。在对学生的调查中发现，很多学生对奥运会、体育运动对人的作用以及如何选择锻炼方式等通识化和实用性的理论知识很有求知欲，但是这些并不能在体育教育中获得。室外课程的开设也基本保持在传统的田径、球类、武术等项目，而学生比较热衷的运动项目是羽毛球、篮球、游泳、健美操和乒乓球等项目。显然，高校体育课程内容与学生需求存在某种程度上的差异。

造成这些差异的主要原因是教学环境、师资力量等因素的影响。首先，教师专业分配不均，过分集中在“三大球”运动项目上，直接限制了独立学院课程内容的设置，造成了对小球、游泳等其他项目教学的忽视；其次，体育教学环境直接制约着运动项目的开展，游泳、小球项目的场地、器材、设施的投入成本过高，特别是民办类高等学院无力承担。调查中还没有学校为体育课建设游泳馆和各类小球馆，一般都是只有少量的球台和球具，这样的条件只能用于小型的、持续时间短的校内比赛。另外，受天气的影响，这些运动项目基本都不能在室外开展，会大大减弱教学效果。缩小课程内容与学生需求的差距并不是说必须将学生喜欢的运动项目都列入课程设置中，但是合理配置师资，适当添加实用性教材，开设健身娱乐性强和满足不同类型学生兴趣的课程，是缩小课程内容的设置与学生需求差距的必然结果。①

（二）班级授课制仍是教学组织形式的主流

目前，绝大部分高校体育教学的基本组织形式仍然是班级授课制，即固定的教师、固定的学生、固定的内容、固定的时间和固定的场所的教学形式。在我国，班级授课制从兴办学校开始就得到了推行。直至今日，班级授课制仍然是授课的基本形式。在被调查的独立学院中，不管是采用何种课程模式进行教学，在大一阶段，都是以行政班作为教学班，这样的教学班组织起来比较方便，便于管理，学生间便于互相了解，也便于互相交流。但是，这种教学组织形式忽视了学生的个性需求和兴趣，势必在整体上降低学生对体育课的积极性。有的学校在大二阶段按专项编班，让学生根据自己的兴趣爱好和体育能力，选择适合自己的项目，当人数达到一定的标准后，变成一个教学班安排教学，但是学生之间的差异仍然难以消除。因此，体育教学必须采取有效手段使学生互相帮助，提升教学效率。

（三）教学评价方面的不合理性

体育教学评价是完善高校体育教学系统的重要环节，从教学计划到教学过程，如果缺少评价这一重要操作步骤，就不能完成一个完整的教学活动。通过对学生学习质量的评

① 潘华云．高校体育教学模式的现状、发展趋势与创新路径［J］．中国成人教育，2013（21）：169－171.

价，不仅可以进一步了解学生的学习水平，促进学生学习，而且可以为教师教学提供反馈信息，有利于教师及时调整教学内容，改进教学。

随着体育教学改革的深入，人们对体育的认识逐步加深，对体育教学评价的观念也发生转变，评价中更需要体现学生的体育素质，而不是临时性对体育概念的掌握。但是，现阶段高校体育教学评价仍然局限于体育运动技能与方法的评价，忽略了体育课程中其他领域的评价。这是我国整体教育体系中长期占主导地位的应试教育导致的，这种教学评价带来的直接后果就是学生为了考试而学习，所学的知识非常有限。

此外，高校体育教学评价的功能单调，过分强调对学生的区别、甄选和选拔，并以这种鉴定结果作为对学生体育学习的终结性评价，完全忽视体育教学效果的反馈和对学生的激励，这显然是不合理的。高校体育教学评价缺乏主体参与机制，也就是说，在现有的评价体系中，学生无法进行自我评价，学生体育学习的效果只能由体育教师进行评价，这种评价方式缺乏客观性，也很不合理。调查中，很多学生都对这种评价方式表示不满，需要在教学改革中引起体育教育工作者的重视。

事实上，学生才是学校体育教学中的主体，他们对待体育教学各方面的态度是反映课程模式是否合理的一个重要方面。本次调查中提出三个问题："通过体育课是否可以学会一种健身方法?""通过体育课，你的体育兴趣是否有所提高?""你认为自己能否在经过大学的体育教育后形成终身体育观念?"通过学生对这三个问题的回答可以看出，传统的体育课程模式在现阶段的体育教学中已经远远不能满足学生的需求，亟须构建符合高校自身特点的体育教学模式。

二、当今高校体育教学模式创新发展

教育既是继承人类文明的载体，又是推进人类社会前行的动力，它的发展必须匹配生产力，其创新也必然契合生产规律。高校体育教育作为宏观教育概念下的一种形式，在社会结构、要素、关系等因素的变化下，自然也要谋求自身教学模式的创新。高校体育教学模式创新应跳出学科限制，融入社会发展，不断吸收外界知识信息，关注产业动态，聆听大众需求，据此构建当今高校体育教学模式的基本框架，促进高校体育学科理论及实践内涵的丰富。笔者从以下三个视角研究高校体育教学模式的创新发展。

（一）树立"健康第一"意识，培养终身体育观念

体育教育观念正确与否直接关系着学校体育教学改革的成败，同时体育教育的指导思想直接影响着教学目标的制定和实现。目前，培养终身体育观念已在各类学校体育教学的指导思想中占据主导地位。学校要结合自身的特点，在培养终身体育观念的基础上，树立"健康第一"的意识，培养学生的坚强意志。

（二）构建高校专门的体育教学方法

体育教学方法属于体育教学法范畴，是实现体育教学任务或目标的方式、途径、手段的总称。要使学生在短时间内学到较多的知识、技能，受到深刻的思想教育，就要采取有效的教学方法。

1. 体育教学方法的分类

由于在教学实践活动中涌现出来的教学方法形形色色，各有各的特点，而各种分类的基础、依据、标准不同，所以对教学方法进行比较科学的分类十分困难。可以根据体育教学任务分类，即针对不同的体育教学任务有不同的教学方法与之对应。

动作技能教学常用的方法有讲解法、示范法、纠正错误动作法、练习法、反馈法等；提高身体素质和运动能力的教学方法有重复练习法、变换练习法、循环练习法、比赛法、游戏法、评价法等；思想品德教育方法有说服劝告法、表扬批评法、榜样法、实践法等。这种分类方法以各种教学方法追求的目标为依据，以保证每一项体育教学任务都通过相应的方法来完成。

2. 体育教学方法创新的原则

（1）由传授型向指导型转变。针对学生愿意运动，但不愿意上体育课的现状，在教学方法上，应该将以前传授型的教学方法向组织指导型转变。对于大学生来说，体育教学往往不需要过多的说教，也不需要过细的分解练习，能吸引他们学习、锻炼的教学环境更重要。通过体育课，要使学生产生获得知识的成功感与自我探索的新鲜感。教师除了组织教学之外，还要对学习主体进行客观分析，预见可能达到的教学结果，然后根据学生学习的进展，结合学生学习的差异，对其进行恰如其分的指导，变机械传授为指导学习。

（2）变技术技能传授为学习方法传授。从社会发展的趋势看，终身学习、终身教育、学习社会化等全新的概念对体育教育提出了新的要求。体育教师应把教育的落脚点放在体育学习的方法上，正所谓“授人以鱼不如授人以渔”。在健美操教学中，除了讲解动作之外，教师还应该讲授相关知识，如健美操的起源、音乐的选择、不同动作对肌体的塑造、对情绪的感染、对气质的再造等。这样才能使体育课堂向终身体育延伸，使学生真正具备终身体育意识。

（3）变教师主导课堂为以学生为主体进行创造性学习。在体育教学中，必须改变传统教学中教师一味地教、学生被动地练的教学模式。教师应当结合学生具备的体育能力与知识，为学生布置需要自己努力才能够获得的体育技能，而这种技能获得的过程完全是体育知识内化的创造性学习过程。

（三）建立科学的体育教学评价体系

在教学中合理运用科学的体育教学评价体系，不仅能调动学生学习的积极性，而且能起到导向、调节、激励和鉴定的作用。具体来说，应达到评价内容综合化，评价方法多样化，以全面评价、突出重点为原则，不仅进行运动技术的评价，而且要从运动参与、身体健康、心理健康和社会适应等方面对学生进行全面、准确的评价。

高校体育教师在评价学生技能成绩的同时，要评价学生的学习过程和进步幅度，更要强调学生在学习过程中的自我评价、互相评价和师生互评。另外，大学生是鲜活的个体，存在个体差异，在评价时要考虑到“区别对待”。体育课程与其他课程的不同之处就是学生除了自己的努力之外，受个人自然条件（如身高、体重）的影响很大，这就决定了个体差异性很大，付出相同努力的学生不一定会达到同样的结果。因此，对能力较差的学生要给予鼓励，使其提高学习的积极性、自信心。

首先，更新评价理念。从根本上淡化考试的选拔功能，强化科学的评价指标、操作性强的评价办法，用先进的评价理念发挥评价体系的正确导向作用，从单一的评价视角转向多角度、多方法的综合质量评价，全面提升评价体系教育、检验、反馈、激励的综合功能。

其次，扩展评价内容。高校体育教学评价体系越来越重视评价内容的多元化，评价内容不能是单一的技术技能考评或健康测验，同时心理情感态度的评价开始在体育教学评价体系中普及。

再次，综合运用多种评价方式。在体育教学评价中，将诊断性评价、形成性评价和终结性评价结合运用。现阶段的体育教学评价单靠定量化、数量化方法无法认清评价对象的本质特征，必须把定量评价和定性评价相结合，将自评与他评相结合，客观、真实地反映教学效果，贯彻终身体育思想。

最后，科学评价，重在激励。在体育教学评价中，充分运用评价结果激励学生，促使学生不断进步与成长。学生看到自己的进步，会增强自信心，提高参与体育学习、锻炼的积极性和热情。

四、高校体育教学模式的发展

（一）体育教学评价体系更加注重“三维”的综合评价

“三维”综合评价是指在评价体育教学效果时，不仅从生物学角度评价学生提高生理机能的效果，而且从心理和社会的角度评价体育教学的效益。评价方式由单纯的定性评价或定量评价转变为定性评价和定量评价相结合，在重视他人评价的同时，重视自我评价；评价内容由对学生的评价转变为既评价学生的学又评价教师的教。通过改革评价体系，可使学生乐于接受评价，并积极参与评价。

传统的教学模式只重视终结性评价的作用，忽略了学生学习过程中的评价，因而学生的学习兴趣、情感反应都得不到反馈和体现。如今，体育教学逐渐摆脱了单一的终结性评价方法，开始重视学生的学习过程评价、学生的自我评价、单元评价等。

（二）体育教学模式的目标趋向情意化

社会的变革、科技的进步对人类的生活和身体产生了很大的影响，如心理素质、身体素质、社会适应能力等。在实施素质教育的过程中，教师要以培养学生的创新意识和体育能力为重点，改变教育理念、教学方法、教学内容和教学评价等，树立新的体育教学思想。现代教学理论研究和教学实践活动都已表明，学生的智力因素与非智力因素在学习活动中有着重要作用。现代教学模式改变了传统教学活动中片面强调智力因素的做法，有利于培养学生的自立性、情感性和独创性。学生在一种浓厚的兴趣、强烈的动机、顽强的意志状态下学习和掌握体育知识与技能，更能激发求知的内驱力。这种教学模式有很强的情意色彩。

（三）体育教学模式的形式趋向综合化

教学模式的形式趋向综合化是指体育教学模式向课内课外一体化发展。课内的主要任务是学习一些新的知识点，改正一些错误动作，因而要充分利用课外的时间，加强强化练习、过渡练习，复习与巩固已学的知识与技术，经常锻炼，才能使运动技能熟练化。

（四）体育教学模式研究的精细化

理论研究的目的是指导实践，同时起到总结实践的作用。一方面，教学模式的研究必将从一般教学模式研究走向学科教学模式研究；另一方面，课堂教学模式的研究趋向精细化，尤其是有关中小学体育教学模式的理论与实践研究很受重视。

第七章　大学体育运动教育教学设计与实践

第一节　大学户外运动课程设计与教学

一、户外运动概述

（一）我国户外运动的发展

20世纪80年代，随着我国户外资源对外开放，外国登山者和探险者带来了“户外运动”[①] 这一新概念。之后，一些国内的探险、旅游爱好者开始参与这些活动。20世纪90年代，中国登山协会在北京主持召开了首次全国野外运动研讨会，对户外运动的开展进行了首次研讨和梳理，对户外运动在中国的开展和普及起到了极大的推动作用。

目前，我国户外运动呈迅猛发展的态势，在自然资源、社会经济、人们生活水平提高、追求健康生活方式、闲暇时间等方面，我国具有发展户外运动的优势。首先，自然资源方面：①陆地资源：利用我国境内众多的山川资源可以进行登山、攀岩、越野生存、山地自行车、徒步越野、滑雪等野外项目；②河流资源：我国河网稠密，可以用这些河流进行漂流、冲浪、游泳等项目；③湖泊海洋资源宽广，利用这些水资源可以开展潜水、滑水、冲浪、海水浴等户外运动项目。其次，在闲暇时间方面：随着我国假日制度的调整，每周有双休日，每年有“黄金周”“小长假”等一些大大小小的假期，使得人们有了更多的休息和休闲时间，大众参加户外运动的热情日渐高涨。参加户外运动的方式众多，如自驾车出游、野营等。

---

① 宋学岷，司虎克. 中国户外运动研究的发展特征及趋势分析 [J]. 广州体育学院学报，2018，38 (2)：50—56.

（二）户外运动的特性及价值

1. 户外运动的特性

户外运动是人文体育、绿色体育、科技体育，是广大人民群众健身益智的一种重要选择，能够促进社会的发展和和谐社会的构建。其特性主要包括以下方面：

首先，自然性。户外运动具有自然性，这是因为户外运动是在自然环境中进行的，与大自然的亲密接触使得户外运动有着回归自然、返璞归真的特征。人类有着生态觉醒、回归大自然的本能，这就要求人们对自然要有发自内心的热爱和亲近，这样才能对户外运动的乐趣有深入的感悟。户外运动是真正的绿色体育运动项目，是近年来兴起的一项深受人们欢迎和喜爱的时尚运动项目。

其次，自我性。自然界中的各种环境，包括天气、地质、地形、地貌等都会有各种不可预知的变化。参与者在户外运动中不仅要对自我体能、自我意志、自我心理素质、自我生存能力进行挑战，而且要适应变化无常的自然环境。户外运动可以激发人们的上进心和求知欲，在兴奋和刺激中激发潜能，在艰苦的磨炼中完善人格，从而提高自身应对挑战的信心和能力。

第三，危险性。大自然有着环境复杂、变化无常的特点，户外运动在其中实施，遇到许多意想不到的危险和自然灾难是必然的。所以，在开展户外运动时一定要有充分、全面的计划准备；要有规范、缜密的组织与管理；要有户外安全防护、自救互救与危难救援等预案；要建立户外运动安全保障体系和户外运动法治体系。

第四，团体性。户外运动内容丰富、形式多样、乐趣无穷、魅力无限，充满了刺激和挑战，要完成不是件容易的事，需要依靠集体的智慧、大家的力量、团队的协作。在任何时候都要记住，不要轻视大自然，更不要想去征服和战胜大自然，而是要在户外这个最大的运动场所中，强调集体的智慧、团队的力量。

第五，大众性。户外运动具有广泛普及的大众性。

第六，科学性。生命在于科学而适度的运动。户外运动对参加者在生理、心理、知识、体能、装备等方面，都有着非常高的专业要求，而不是简单背个包上路就可以算是户外运动。

第七，启迪性。户外运动是一种体验式教育、启发式教育。同时也将吃苦耐劳、团队协作、环境保护、助人为乐等做人做事的基本道理，内化为健康的心理品格，转化为良好的行为习惯。

第八，综合性。开展户外运动，要具有生理解剖、运动医学、地理环境、天象气候、人文历史、动植物学、环境学、管理学、心理学等方面的学问。户外运动爱好者不仅是运动方面的专家，具有人类生存生活的基本技能，而且要有勇于创新、顽强拼搏、挑战自我、自强不息的精神，是具备完美人格和优秀品质的复合型人才。

2. 户外运动的价值分析①

户外运动有着多方面的价值，主要包括健身价值、健心价值、社会价值和观赏价值。首先，户外运动的健身价值。户外运动利用空气、阳光、水、河、湖、海、沙滩、田野等自然条件，并根据实际情况进行登山、攀岩、徒步、溯溪等项目的活动或比赛，能够有效地促进人体的新陈代谢。

（1）对神经系统的影响

神经系统对人体的生命活动起着调节作用。运动时身体各部位的空间位置等随时变化的信息，都以神经冲动的形式连续不断地传向中枢到达大脑皮质。

（2）对心血管系统的影响

人体运动持续数秒以上，心肌收缩力加强，脉搏输出量增加，从而使心脏每分钟输出量增加。静脉血管由于受到肌肉随反复收缩舒张而产生“按摩”效应，从而促进静脉血液回流。

（3）对消化系统的影响

户外运动能增强胃肠道蠕动，促进粪便排泄。户外运动利于胆汁合成和排出，可降低肌肉中的胆固醇，增加胆固醇排出。

（4）对内分泌、免疫功能的影响

运动应激反应是肌体受到刺激后发生的非特异性适应反应。已有越来越多的证据表明，以下丘脑—垂体—肾上腺皮质轴为代表的神经内分泌系统的激活会影响机体免疫功能。

（5）对代谢的影响

户外运动可促进体内新陈代谢，对脂类代谢、蛋白质含量均有良好的影响。有研究报道，虽然血中总胆固醇含量无明显差别，但进行慢跑等项目的运动员体内高密度脂蛋白含量明显高于不运动者，高密度脂蛋白具有清除脂肪堆积的功能。

（6）对呼吸系统的影响

户外运动时交感神经兴奋、支气管平滑肌松弛、呼吸道阻力减少，可反射性地使呼吸加快、加深，使呼吸肌活动增强。

（7）对运动系统的影响

户外运动对维持骨的结构有重要的促进作用，可以提高骨密度，增加骨皮质厚度与硬度，增加骨质储备。

---

① 张峻豪，国伟．高校户外休闲运动的教育价值分析研究 [J]．当代体育科技，2017，7（22）：127－129．

二、大学户外运动课程设计与教学

（一）大学户外运动课程设计的必要性

1. 符合大学体育课程改革的需要和发展趋势

近年来，由于高校的扩招使得学校的运动场地和运动器材都出现了不足的情况。这往往会导致许多体育课程不好安排。另外，尽管大学体育课程已经进行了多次改革，但是都没有从根本上得到实质性的突破和转变，从而导致不能从单纯竞技的大学体育教学怪圈中彻底走出来。在这样的背景下，户外运动被引入大学体育课程，使得体育课堂的教学场所从校园搬到了大自然，从而使传统体育课堂封闭的格局得到了有效的突破。因此，大学户外运动课程的开展是符合大学体育课程改革需要的。

除此之外，大学户外运动课程的开设还要与高校体育课程改革的发展趋势相符。主要体现在：户外运动为师生互动的双向的教学模式，使得学生的自主性、主动性、主体性、自由选择性等都得到了充分的体现，从而也使得学生参与体育课程学习的积极性、主动性和兴趣性都得到较大程度的激发和提高。

2. 高校实施素质教育的重要手段

传统意义上的人才，是指专业素质较高的窄面层次的人才。具体包括两个方面：一是具有良好的专业素质；二是具备优良的思想素质、人文素质、审美素质。根据相关调查可以得出，高校传统大学体育教学项目在学生创造素质、身心素质和人际交往素质方面的培养效果是不甚理想的。首先，受其运动特点决定，户外运动既能够强身健体，又能够使高校学生的创造灵感得到较好的激发；其次，在特殊的户外环境中进行户外运动能够培养高校学生的心理品质；最后，户外运动通常是以集体的形式进行的，因此，能够使学生有机会体验集体生活，并且进行沟通和交流。综上所述，大学户外运动课程的开设不仅能够使传统大学体育教学项目教学效果的不足得到较好的补充和弥补，而且能够作为重要手段进行高校素质教育。

3. 实现普通大学体育课程目标的有效途径

大学户外运动教学的开展是以“以人为本、健康第一”的教育理念为主要指导的，因此，充分体现学生的自主性，并且以学生的兴趣为主要依据。实现运动技能领域的目标：户外运动教学的主要特点在于将传统体育运动场地搬到了大自然中。实现身体健康领域的目标：由于户外运动难度较大，许多项目对人的体能具有较高的要求，这些体能训练对于学生整体身体素质的提高、良好锻炼习惯的养成、终身体育意识的培养等都有重要意义。实现心理健康领域的目标：大自然是户外运动教学的场地，教学过程中往往会出现各种不确定情况的发生，如天气、气候以及空间和时间的转换等。因此，可以说户外运动对于学生心理承受力、耐受挫折能力、独立处事能力的提高，心理品质的拓展，勇于探索、克服困难的意志品质的培养都具有积极的推动作用。实现社会适应领域的目标：在大学户外运动教学中，通常都是以集体的形式进行的，可以是以班、组为单位，并且在集体中每个人都担任着不同的角色。有些学生往往以自身为中心，从不为他人考虑，通过户外运动教学，能够改善这一状况，使他们逐渐学会关心他人，学会和他人和谐相处。户外运动教学对于大学体育课标中社会适应领域目标的实现具有积极作用。

4. 符合现代大学体育教学理念

随着素质教育和体育教育的不断推进，大学体育教育改革也得到了不断深化。①

（1）人文性原则

户外运动是大学体育教学的重要内容之一，通过户外运动教学，能够使学生强健体魄的同时，还有利于培养学生不怕困难、不怕挫折和不怕失败的精神，从而提高他们与他人合作、团结协作的意识。

（2）主体性和选择性原则

户外运动课程之所以能够开展起来，与其重要基础是分不开的。户外运动课程是以学生的体育爱好、兴趣和特长为主要依据进行相应的教学，使之完全满足学生的身心全面发展的需要。

（3）开放性原则

户外运动课程的开设，打破了大学体育教学传统意义上只在校园开展的局限性，使学校体育课程的时间和空间得到了充分的拓展，也使学校大学体育教学改革的思路得到了开拓。

（二）大学户外运动课程教学设计的理论研究

户外运动作为高校素质教育中的一门全新课程，可以有效提高学生的身心健康水平。大学户外运动是一门具有很强综合性的课程，它的学科跨度较大，包含教育学、心理学、社会学、管理学、学校体育学以及安全求生等不同学科的知识。当然，各高校开展户外运动课程目的的不同，也会使户外运动课程的具体教学侧重点存在一定差异。因此，我们要加强对大学户外运动课程教学的理论研究，通过科学的分析和总结，对其基本理论进行梳理，帮助各个高校根据自身的发展特点，选择适宜户外运动课程发展方向。

1. 户外运动课程教学的教育学基础

高校开展户外运动课程的核心功能就是对学生进行全面的“健康教育和素质教育”。也就是说，教师在进行户外运动课程的教学理论研究时，可以将教育学中一些具有针对性

① 潘乐，黄志国. 新理念教学视角下的体育教育改革创新——评《高校体育教育发展情况分析与改革研究》[J]. 中国教育学刊，2022（5）：127.

的教学研究结果作为基本的理论依据。在大学户外运动课程教学中，教育学理论对其产生的影响主要体现在为整个教学理念的形成提供研究范式和理论依据。这些在大学户外运动课程中也经常会得到体现。例如，通过小组的形式完成同一户外项目，不同小组的学生会在讨论过程中形成独具特色的完成方法。

2. 户外运动课程教学的心理学基础

由于高校开展户外运动课程教学的主要目标就是促进学生身心健康的有效发展，因此，在教学过程中，教学组织活动、环境设计、教学内容以及教学模式都具有较强的心理指向，这也体现出了心理学理论在大学户外运动课程教学中的重要作用。

（1）归因理论①

归因理论是组成心理学理论的重要部分。它主要是通过对个体的外部行为特征进行解释和推断而得出其行为的主要原因，主要包括以下几个方面的内容：心理活动的归因、行为归因、对个体未来行为的预测等三个方面。

（2）态度理论

在大学户外运动课程教学中，态度主要是指学生在对某一特定对象的认知、评价和价值判断过程中所产生的一种心理倾向。在态度理论中，认知是其构成的基础，这主要是由于学生的认知会对其行为意向产生一定影响，它们是学生形成行为意向的关键，而意向是个体态度的最终表现形式。目标设定理论：在大学户外运动课程教学中，目标是教师根据学生的具体情况制定出的特定行为标准，它的主要特性表现在方向和强度上。经过相关的实践研究发现，科学合理的目标可以有效地激发学生的身心能量，增强学生面对挑战性目标时的自信心。学生在合理目标的指引下，可以培养其不怕困难和挫折的坚毅品质，即使在面对挫折时，也能保持对学习的清醒认识，继续朝着预定目标的方向而努力。

（3）社会学习理论

社会学习是一项具有较强指导性的心理学理论，它主要是指个体以其他社会个体为榜样进行的一种学习过程。在大学户外运动课程教学中，社会学习理论的指导作用主要可以从“自我效能”和“观察学习”两个方面进行体现。② 观察学习：个体的学习过程常可分为直接经验学习和间接经验学习两个方面。相比于直接经验的学习，间接经验的学习更加迅速和便捷。

3. 户外运动课程教学的社会学基础

社会学理论所包含的研究内容有很多，如经济、社会结构、人口变动、民族、城市、

① 周玉成，冯文明，王冬梅. 维纳归因理论与体育教育［J］. 华北理工大学学报（社会科学版），2017，17（3）：78－80.

② 郭斯萍，张晓冰. 班杜拉的社会学习理论再评价——从文化心理学角度［J］. 心理研究，2022，15（2）：99－104.

家庭、历史等，社会学的研究是从整个社会出发，通过社会关系和社会行为研究社会的结构、功能、发生、发展规律。如今，人类组织、社会互动、群体等方面都成为社会学研究的重点。由于个体都具有一定的社会属性，因此，大学户外运动课程教学也同样会与社会产生一定的联系。在社会学理论的引导下，大学户外运动课程教学可以实现对主体进行社会化教育的目标。

4. 户外运动课程教学的管理学基础

在大学户外运动课程教学中，对教学组织的有效管理是整个教学过程顺利进行的基础，这就需要将管理学的理论体系合理地融入户外运动教学。自从户外运动课程进入高校教育体系，其融入了大量的管理学知识。

5. 户外运动课程教学的学校体育学基础

户外运动课程作为大学体育教育中的一部分，它必须在其教育大前提下发展。学校体育作为发展学生身心健康的重要手段，其基础理论同样会对户外运动教学产生较大影响，树立起培养学生积极参与和掌握运动技能学习方法的科学目标，将学生培养成具有较强社会适应能力的高效人才。综上所述，大学户外运动课程教学的理论基础内容较为丰富，它包含了几乎所有与户外运动教学内容相关的各种学科理论，只有保证整个教学的全面性和针对性，教师才能在教学中做到有的放矢，更加有效地提高学生的户外运动水平。

第二节　大学户外运动的组织实施

一、大学户外运动的学习培训与实施准备

（一）大学户外运动的学习培训

1. 大学户外运动基本知识的学习

①户外运动是在大自然环境中进行的，所以，开展户外运动课，大学生首先要学习和了解自然环境的相关知识。②户外运动参与的主体是人，因而户外运动参与者还要了解关于人体的基本知识。③户外运动不仅同大自然有着密切的联系，而且与社会人文有着一定的关系。因此，户外运动参与者还要学习和了解有关社会人文的基本知识。④在进行户外运动课之前，还要根据户外活动的内容和要求学习和掌握户外运动中的基本生活常识。

2. 户外运动基本素质的训练

由于户外运动的环境复杂、条件艰苦，因此，要求户外运动参与者具备良好的体能水

平和专项能力等基本素质。在进行户外运动前，运动参与者一定要储备好充足的体能，只有具备一定的专业技能，才能保障户外运动的顺利开展。参与户外运动需要的体能素质主要包括力量、速度、耐力、柔韧、灵敏等基本素质。训练的手段可以采用球类活动、田径运动和户外实践等方式，也可以专门就某一弱项或某一方面反复进行专门训练。

3. 户外运动基本技能的训练

户外运动是在非常复杂的自然环境中进行的一种运动。在户外运动中，参与者要学会各种专项技术，如登山渡河技术、攀岩速降技术、野外定向技术、户外急救技术、野外宿营技术等户外活动技术；还要进行摔伤擦伤、突然袭击、山体滑坡、雪崩冰崩、毒蛇咬伤、误食中毒、户外疾病救助、包扎运送等情况的现场模拟演练。

（二）大学户外运动的实施准备

1. 身心准备

一般来说，大学生都有着极强的好胜心，对新奇的事物充满兴趣。但大学生在进行户外运动前必须做好必要的身心准备，提高身体素质。大学生参加户外运动首先要具备健康的体魄。一个身体健康的人，可以将身体的潜能更多地发挥出来。体魄强健的标准包括：反应灵活、快速，思维能力较强，面对突发状况时能保持头脑清醒；肌肉线条正常，身体匀称，面对困难不灰心丧气；肺活量大，输送氧气的能力强；血脂低，血液循环正常；动作灵活敏捷，不易发生运动损伤等。

提高身体素质的基本原则。身体素质的提高并不是一朝一夕就能完成的，需要一个长久锻炼的过程。提高身体素质需要遵循以下几个基本原则：第一，制订身体锻炼的目标，根据目标按部就班地锻炼；第二，身体锻炼要有具体的指标。一般来说，身体锻炼每周应不少于 3 次，以巩固已取得的锻炼效果；第三，提高锻炼的积极性和兴趣，保持锻炼的连贯性。要养成持之以恒锻炼的好习惯，这不仅有利于取得较好的锻炼效果，而且能培养和形成“终身体育”的意识；第四，身体锻炼要讲究科学性。身体锻炼要全面，要尽量选择能充分发展自己综合素质的运动项目，选择的项目及内容要符合自己身心发展的特点。

身体锻炼方式的选择。运动参与者进行身体锻炼的方式有很多，可以采用以下几种方式进行：①有氧锻炼。有氧锻炼是最基本的身体锻炼方式，其内容非常丰富。有氧锻炼不仅可以有效地改善人体的心血管系统和调动肌肉群，而且对治疗失眠和食欲不振等具有良好的效果。②无氧锻炼。人们进行无氧锻炼的方式有很多，主要包括短跑、跳跃、举重等运动。③静力锻炼。当肌肉进行收缩作用于不移动的物体，同时没有肢体运动时称之为静力锻炼。④负载受力锻炼。负载受力锻炼是静力锻炼与有氧锻炼的结合。⑤灵活性锻炼。灵活性锻炼可以很好地锻炼人体的关节，进行灵活性锻炼，被动的伸展运动是较为有效的锻炼方法，它可以很好地增强人体肌肉的灵活性。

加强心理训练。户外运动是在自然环境中进行的，所以存在着一定的危险性和不确定性，这是不可避免的。在进行户外运动时，大学生要学会控制自己的情绪，调节自己的心理，保持一个健康、良好的心态，这对于克服困难、处理突发状况具有重要的意义和作用，正确地认识这些困难和挫折也是非常重要的。下面介绍一下在户外运动中常遇到的一些困难及解决方法。

第一，疼痛问题。在进行户外运动时，常发生各种疼痛现象，这是非常正常的。因此，当疼痛感来临时，我们应该尽量转移自己的注意力，把精力全部集中于如何克服眼前客观存在的困难上；第二，疲劳。户外运动会消耗掉参与者大量的体力，随着体力消耗的增加，人的疲劳感也越来越强，这时精神状态也会变得越来越差，并具有强烈的紧张感和压抑感。此时要调整自己的心情，建立自信心，重新激发起自己的热情，这是克服户外运动疲劳积极、有效的方法之一；第三，饥饿问题。当大学生参加户外运动遇到挨饿的状况时，千万不要惊慌，要静下心来思考获得食物的措施和方法；第四，干渴问题。干渴带来的危险比饥饿要更加可怕，人在没有水的情况下，就会出现反应迟钝、虚弱无力的现象，此时就要尽可能地减少食物的摄取量，这是因为人体摄取的食物越多，需要的水分也越多；第五，寒冷问题。在冬天进行户外运动时，人体会因为寒冷导致血流速度减慢，这时就应该通过进行一些剧烈的身体运动来消除和抵御外界的寒冷。

2. 装备购置

(1) 背包

背包是参加户外运动必不可少的装备之一，背包的合理选择与使用是非常重要的。背包的种类分为以下几种：①登山包。一般分为两种规格：一种是体积在 50～80 升的大背包；另一种是体积在 20～30 升的小背包。一般来说，登山专用背包的制作考究而独特，包体瘦长紧贴人的背以减轻背带对双肩的压力。登山包不仅用于登山，而且用于漂流、穿越沙漠等其他探险运动中。②旅行包。与登山包有所不同，其正面可以全部打开，利于取放东西。③自行车专用包。自行车专用包可分为挂包式和背包式两类。自行车专用包上都带有可反射灯光的反光条。④背架包。主要由包体和外置的铝合金架子组成。

背包的选择：在进行户外运动时，选择的背包一定要适合自己。在选择背包时要重点考虑以下方面的问题：①选择合适的包。因户外天气多变，条件艰苦，最好选用背架包。②确定包的人小。大学生进行户外运动，通常一个 65～75 升的包就足以满足需要了。③背的方法要合理。选择一个适合于自己的背负系统，将大部分重量转移到胯部和臀部。④注意背包的制作材料和加工质量。好的背包应该是既结实又防水，一般情况下不受磨损。

背包的装填问题：大学生进行户外运动还要学会背包装填的方法，这是十分重要的，因为填装不合适，就很容易造成运动疲劳。在装填背包时，不常用的东西放在背包的最下面；易破碎的东西应该放在背包的最上面。另外，大学生在装填背包时还要养成定点放置的好习惯，这样可以快速取出自己需要的东西，方便使用。

(2) 鞋袜

对于户外运动时选择鞋袜的问题：在进行户外运动时，要尽量穿运动鞋或者是其他专用鞋。在选择鞋子时，需要注意以下几点：①最好选用重量轻、透气性、防水性好的鞋子，还要有一定的防潮防寒功能。②鞋子底部的厚度和软硬度要适中。③鞋底要具有防滑性和耐磨性。④最好选用高帮的鞋，对预防小石子、沙子以及灰尘等进入鞋内具有良好的效果。⑤最好要多预备一双鞋子放在背包里，以备不时之需。对于袜子的选择上，最好选用纯棉制的袜子，因为纯棉质的袜子柔软、吸汗，可使足部保持干爽的状态。

（3）着装

在日常生活中，人们常常习惯于通过服装的搭配体现自己的个性。户外运动的着装应以宽松、舒适、耐磨、随意为基本原则，还要注意服装的大小，不可过大也不可过小。需要注意的是，在盛夏进行户外运动时，大学生要尽量避免选择短装，女生不要穿裙子，男生不要穿短裤。春秋两季最好要选择纯棉或纯毛，具有一定防风及保暖性能的服装。在选择裤子时，首先要考虑裤子的耐磨性，然后是材料的柔软度和大小。宽松的牛仔裤和棉质的休闲裤是进行户外运动时不错的选择，这会给自己的行动带来极大的便利。内衣的选择要注意两个问题：一是化纤的含量不能太高，这样不便于通风和晾干；二是要选择吸汗、易干的内衣，这样可保证身体的清爽和干净。在进行户外运动前，一定要准备好一顶合适的帽子。另外，需要注意的是，无论是在夏天还是在冬天，都要考虑帽子的防水性，尽量选择具有防水功能的帽子。

（4）睡袋、睡垫

睡袋的种类有很多，人们可根据自己的实际需要选择适合自己的睡袋。睡袋依据用途来划分，可分为两大类：一类睡袋较薄，用于一般的旅行或露营，这类睡袋被称为专业睡袋；普通的睡袋价格相对便宜，用途广泛。睡袋的使用技巧：在使用睡袋时要掌握以下几个技巧：第一，避风防潮。户外运动中，在选择营地时，不要选择谷底，还要尽量避开承受强风的山脊或山坳，并带一张防潮垫；第二，保持睡袋干爽。睡袋吸收的水分并非主要来自外界，而是人体，因此，如果睡袋连续使用多天，最好能在太阳下晾晒一下。人体就是睡袋的热量来源，如临睡前先做一小段热身运动或喝一杯热饮，会将体温略为提高并有助于缩短睡袋的变暖时间。

（5）帐篷

相对于睡袋来说，帐篷的内部空间较大、架设方便、地点不受限制，具有一定的隐蔽性和安全性，既能防雨、防雪、防风、防晒，又可重复使用。帐篷的种类繁多，各有各的特点，就其分类而言，可将帐篷分为以下两大类：①高山帐篷。高山帐篷主要是在恶劣的环境下使用，应选择那些抗风、防雨、耐磨等性能比较好的帐篷。②旅游型帐篷。适用于平时人们假期的休闲娱乐。

依据划分标准的不同，帐篷具有以下几种不同的结构和规格：①根据使用要求的不同来划分，可将帐篷分为单室式结构和厅篷式结构。②根据温度环境设计的帐篷，可分为单层、双层、三层等不同的结构。三层帐篷在内帐的里面又加了一层棉帐，具有很好的保暖效果，适合在冬季或寒冷的天气条件下使用。

二、户外组织计划的制订与安全保障

（一）户外运动组织计划的制订

1. 户外运动组织计划的内容

在进行户外运动前，应根据户外运动的不同形式和特点，制订相应的活动计划。户外运动计划一般应包括以下内容：首先是户外运动的地点。户外运动的地点直接关系到活动的内容、选择活动的地点，要收集该地的历史、人文等资料：①历史资料。收集历史资料主要分为两部分：一是当地的历史；二是最近去过该地区的外来人员活动的历史资料。②人文资料。在收集人文资料时，要尊重当地人们的风俗习惯，不破坏具有历史人文古迹的建筑和文物，和谐地与当地人沟通相处。③特殊情况和限制。活动分析主要是进行以下方面：①此地形适合做什么；②此地形自身能做什么；③分析风险程度的大小。其次，户外运动的目标：在进行户外运动前，一定要有一个明确的目标，因为没有明确目标的户外活动在安全上存在隐患，且活动本身没有什么乐趣。再次，户外运动的内容。确定户外运动目标后，就要根据运动目标确定户外运动的相关内容。在安全的原则下，把风险控制在可承受的范围内，尽量安排有意义的户外运动项目，达到户外活动的目标要求，体现户外运动的价值。最后，户外运动注意事项。在制订户外运动计划时，还应注意以下几点事项。

第一，认识户外运动和存在的危险及其防范方法。

第二，明确人员身份，选择信誉度高的组织者，选择高水平的向导和教练。

第三，树立终身环保的意识，不破坏环境。

2. 制订户外运动组织计划的基本要求

一般来说，整个户外运动计划主要包括行动前准备阶段、行动开始阶段和行动结束后恢复阶段，其中，每个阶段都应有明确的任务和目标。在制订户外运动计划时，要遵循以下几点要求：①熟悉。制订运动计划时，要保持头脑清醒量力而行，要确保每一个环节切实可行，做到心中有数。②周详考虑好食宿问题、装备物资情况、行程安排等一系列状况。③共知。做书面计划，所有参与人员共知认同，有备份方案。

（二）户外运动的组织实施与安全保障

1. 户外运动的组织实施

户外运动的环境复杂，在活动中难免会遇到各种各样的困难，甚至会发生一些伤害事故。要想保证户外运动能够顺利地进行，就必须要做好户外运动的组织实施。其基本内容如下：①明确户外运动的目的及任务。在进行户外运动前，要明确户外运动的目的及任务，保证各项工作可以顺利进行。②对户外运动进行合理的设计与安排。③防范突发事件的措施。④组织实施工作的内容。包括拟定总体方案，成立工作小组。户外运动的顺利进行离不开工作小组各成员间的团结协作，成立活动小组能有效地保证户外运动顺利开展。训练活动指挥部的工作内容有：负责活动的指挥与调度、交通、通信、联络等。宣传小组，负责摄影、摄像、文字等资料的收集与整理工作。勘探小组，负责对户外运动区域的路线、地形、动植物、气候等自然条件进行考察与评估。

户外运动前的工作：①在出发前，领队要明确自己的责任和义务，向队员做自我介绍；明确队员的具体分工。②上车后，再次说明本次活动的起点、途经线路、终点、人文与地理环境及大致的时间安排。③出发时，先要集合队伍，清点人数，整理背包，分配公共用品与携带人员，安排队头与队尾人员。

户外运动结束后的工作：在户外运动结束时，领队应做好以下方面的具体工作：①公布经费开支情况，队员间分摊经费支出。②征求与收集队员的意见，及时做好反馈。③撰写活动总结报告，为下一次户外运动积累好的经验。④召开会议，做好活动总结。

2. 户外运动的安全保障

（1）绳带保障——绳索

户外运动中，常会发生各种各样的事故，其中最为严重的就是从高处滑落或直接坠落，这对户外运动参与者的伤害非常大。绳子主要是由绳皮和绳芯两部分组成，绳皮可以保护核心不被磨损；绳芯主要是由丝丝缕缕的纤维组成的，是主要的受力部分。动力绳主要适用于先锋攀登；静力绳不能收缩无弹性，主要适用于攀登的上方保护或下降、探洞。绳子在长时间不用时要保管好，最好存放在阴凉、干燥的地方、当绳子出现变硬、变软、变扁、表皮损坏等现象时，必须立即更换。

（2）安全带

安全带主要是在户外进行攀爬时，为人们提供一种舒适、安全的固定。大学生进行户外运动，选择的安全带一定要舒适和安全。选择安全带时要注意以下几点：第一，要考虑个人的体型或体重；第二，不同的安全带都有自己特定的系配方法；第三，长时间未使用的安全带，如果出现保护套起毛或断裂的现象，应及时更换，以免运动过程中发生意外。

（3）器具保障

刀具：在户外活动中，刀具的作用是任何工具都无法替代的。户外运动中使用的刀具主要有两种：一种是小刀，它可以折叠；另一种就是大刀，这种刀的使用范围很广，不仅适用于砍柴、盖棚子、扎筏等，而且能猎杀动物及剥皮。行军锹：行军锹的用途很广，在进行户外活动时，它可以用来挖坑、挖排水沟、防御动物攻击等。钳子：钳子小巧，重量轻，便于携带，在户外活动时，常能派上很大的用场。锯：在户外运动中，锯是一种搭建庇护所、生篝火、制作木筏的好工具，如果没有组合刀具，可选择携带条钢丝锯。铁锁：铁锁又称为钩环、主锁等，是户外活动中用途最广、不可缺少的基本装备之一。在户外运动攀登过程中，铁锁可以代替绳结，使用起来十分方便，承受力大，缺点是较沉，大量携带不方便。快挂：快挂是用扁带将两个铁锁连接起来的一种攀登用器材。在攀登的过程中，使用者需要快速、便捷地连接绳索和保护点，而快挂的作用就在于此。

（4）头盔

头部是人身体最重要的部位，为了防止在户外运动中发生头部伤害状况，必须携带专业的头盔。目前市场上的头盔主要有三种：轻质头盔、硬质头盔和混合式头盔。①轻质头盔。轻质头盔的内衬是聚丙烯，外部为塑料构成的外壳。此类头盔主要用于攀岩、滑片等活动中。②硬质头盔。此类头盔主要用于探洞、溯溪、登山等活动中。③混合式头盔。混合式头盔的内衬为聚丙烯或者海绵，此类头盔的应用范围非常广泛。

（5）下降器和上升器

下降器：在保护和下降过程中，当被保护者脱落时或自己需要下降时，使用者可以通过以较小的力消减较大的力。下降器被广泛地用在登山、攀岩等活动中，因为人坠落时产生的冲击是非常大的，直接用手握紧绳索很难制动，而且可能会伤及手掌甚至使两人同时滑坠。

上升器：上升器是攀登雪山、攀岩时常用到的技术装备，主要作用是协助使用者向上运动，使用者在攀登过程中可以得到助力和保护。登山者在通过危险、陡峭地区时，上升器是重要的自我保护装备，它和绳索、安全带等器材构成了一个保护系统。

（6）信号工具

在户外运动时，常会遇到一些突发状况甚至出现危害生命安全的情况，这时就需要运动参与者运用信号工具来告知他人。户外运动中常用的信号工具主要有以下几种：①哨子。②信号枪。信号枪发出的信号弹能很好地引起周围人的注意，从而使运动参与者获得解救。③气球。气球的颜色鲜艳、携带方便，它不仅可以用于发出信号，而且可以用来保存怕潮湿的物品。④反光镜。小型的化妆镜、汽车后视镜等都可以很好地反射光线，借助太阳的光线可以向过往的飞机发出求救信号。

第三节　徒步穿越与野外生存

一、徒步穿越与技能概述

（一）徒步穿越概述

1. 定义

徒步穿越是一项健康的户外运动项目，是一项体能和技能、体力和心理相结合的运动。它教会人们如何在大自然中把握自己的行动，给人以惊险刺激的人生体验。

2. 徒步穿越的分类

（1）山地穿越

山地穿越是徒步穿越中最常见的一种形式，走原始森林、过独木桥索道、看山泉瀑布，可尽情领略大自然的千姿百态，体会徒步穿越的各种意义。

（2）雪域穿越

穿越雪域可领略雪域冰川的绮丽纯粹之美，还能锻炼人体抵御寒冷恶劣的自然环境的能力。

（3）沙漠穿越

穿越沙漠可以领略到大漠的奇伟苍凉之美，同时由于沙漠环境相对恶劣，行走前一定要在当地了解情况。

3. 价值和意义

（1）健身价值

徒步穿越是一种以自然环境为场地的带有探险和体验性质的体育项目。徒步穿越运动是利用江河、湖海、草原、沙漠、冰川、荒原等自然条件进行的一项充分与大自然接触的运动。同时，穿越过程中的行走、攀爬、跳跃等动作，能充分提高人的力量、耐力、速度、灵敏度、协调能力、反应等素质。徒步穿越不仅能达到在运动中健身的目的，而且能解决吸引人参加运动健身的动力问题，对社会的进步、发展起着积极的作用。

（2）对于人心智的价值

徒步穿越通过对自然和自身的挑战，将人体的身心和谐、人际和谐、人与自然的和谐充分展现出来。

①陶冶情操、愉悦心情

徒步运动作为一种户外运动，将人们从钢筋水泥编织的高楼大厦中带出来，从高速运转的工作、生活节奏中解脱出来，投身于大自然的怀抱，在尽情享受大自然给人类带来的快乐之时，也促进了人与自然的和谐发展。由此看来，当陶醉于大自然的风景中，清新的空气、美丽的风光可以愉悦人的身心，更有甚者，可以从自然界中体会人生的哲理。

②培养人坚韧不拔、拼搏向上的精神和处变不惊的性格

气候多变、环境复杂、条件艰苦是野外的特点，在这样的环境里，人们要背负着几十斤的背囊，跨沟壑、涉山溪、过荆棘，与自然界险恶的环境做艰苦卓绝的拼搏，还有与“累了是坚持还是放弃”的思想做斗争。

③培养团队精神，促进人际和谐

徒步穿越运动作为群体性项目，团队合作给参与者创造了一个交流的空间，使社会活动和自然环境完美交融。同时，由大自然所引发的舒畅心情又激发了人们交流的欲望和思维，睡一个帐篷是司空见惯的，大家相互配合、相互帮助，大大提高了人与人之间的相互信任，培育了集体战斗力，同时也锻炼了吃苦耐劳的精神。

（3）增强分析、判断能力

徒步穿越运动需要参与者有良好的判断能力和分析能力，对人的分析、判断能力是一种很好的锻炼。教育价值：徒步穿越项目在学校教育中的地位和作用也反映了它受学生喜爱的程度。大学体育教学内容由“以运动技术为中心”向“体育方法、体育动机、体育活动、体育经验”转移，教材内容的深度强调可接受性、科学性，突出健身性、娱乐性、趣味性、终身性和实用性。“快乐体育、健康第一”的思想意识成为大学体育的核心。经济价值：体育的经济价值在于它可以促进经济的发展。从物质生产力的角度看，体育在强化生产力要素中起决定性的作用。同时，徒步穿越运动是一项极具挑战性、刺激性、锻炼性的新型体育运动，它在我国的兴起不仅带动了参与者的剧增，而且在促进体育用品的生产、消费及体育旅游的发展上也有着特殊的价值。

（二）徒步穿越的技能

徒步穿越因富于求知性、探索性、不可预见性等特点，穿越者必须掌握相关野外生存

知识和技能，去应对千变万化的野外环境。

1. 在徒步行走中保持正确的姿势，控制好行走速度

徒步，并不是通常意义上的散步，也不是体育竞赛中的竞走项目，而是指有目的地在城市的郊区、农村或者山野间进行中长距离的走路锻炼。徒步行走不仅是进行腿部运动，而且是进行全身的运动。刚开始徒步行走一定要缓慢一些，以使自己的身体逐步适应运动状况，否则会出现心慌、头晕及无力等问题。在行走中要养成良好的习惯，集中精力行走，不要边走边笑、打闹嬉戏、唱歌等，这些行为不仅消耗体能，而且会分散注意力，甚至在一些比较危险的路段或过桥、上下坡等状况下，如果一边下坡一边陶醉在自然美景中，很容易出事。行走在山坡路段时，重心应在脚掌前部，身体稍向前倾。无论上坡下坡，对于坡度较大的山坡，应走“之”字形，尽量避免直线上下，这是一种比较安全的行走方法。

2. 以积极主动地休息为原则

行走时的休息也要讲究方法，一般是长短结合，短多长少。大概平地走 50 分钟，休息 10 分钟；山坡路走 30 分钟，休息 10 分钟。途中暂停休息一般控制在 5～10 分钟，并且不要卸掉背包等装备，以站着休息为主，调整呼吸。休息时和出发前做些轻微的屈伸运动，帮助身体活动。长时间的休息以每 60～90 分钟一次为好，长时间的休息要卸下背包等所有负重装备，先站着休息 2～3 分钟，才能坐下，不要一停下来就坐着休息，这样会加重心脏负担。

3. 及时、合理地补充水分

徒步行走时应带足饮用水，每人每天 3 升的量，根据天气的情况适当增减，宁多勿少。一般情况下，先用少量水涂抹嘴唇，3～5 分钟后，嘴唇不发麻发痒、无臭无味才可饮用。喝水要以量少次多为原则，喝水要是主动的，不要等口渴了再喝水。一般的徒步等户外运动消耗水分的补充方法以每次 250 毫升为好。尿液呈暗黄色，口内黏膜干燥，口渴，脉搏速度加快但弱为中度脱水。重度脱水表现为无尿液，脸色皮肤苍白，呼吸急促。

4. 不同地形的穿越原则

（1）山地穿越

在山地中行进，为避免迷失方向、节省体力、加快行进速度，应掌握有道路不穿林翻山，有大路不走小路，走高不走低的原则。上坡时身体重心前移，必要时可手脚并用。草坡和碎石坡是山地间分布最广泛的一种地形。攀登 30 度以下的山坡，可沿直线上升。当坡度大于 30 度时，沿直线攀登就比较困难了，因此，一般采取“之”字形上升法，即按照“之”字形路线横上斜进。通过草坡时，注意不要乱抓树木和攀引草蔓，以免拔断后摔倒。可设法在滑行中寻找攀引和支撑物，千万不要面朝外坐，因为那样不但会滑得更快，而且在较陡的斜坡上还容易翻滚。雨季在山地行进，应尽量避开低洼地，如沟谷、河溪，

以防山洪和塌方。在山地如遇风雪、浓雾、强风等恶劣天气，应停止行进，躲避在山崖下或山洞里，待气候好转时再走。不要走到快累垮了才休息，那样不容易恢复体力，再走也提不起劲。

（2）沙漠穿越

在沙漠中行进，一定要按照设计好的路线前进，并不断修正路线，确保行进方向正确。另外，在沙漠行走不要怕走弯路。在沙漠中会遇到许多大的沙丘或沙山，一定要绕过去，切忌直越陡坡。要避开背风面松软的沙地，尽量在迎风面和沙脊上行走，因为迎风面受风蚀作用，被压得很实，比较硬，在上面行走比较容易，也省力气。沙漠探险中，在前面带路的人很重要，要能找出好走的路，并且采用慢行、每小时休息 10 分钟的方法。“夜行晓宿”是沙漠行走的要诀，不利的是可能会错过水源和有人居住的地方。在阳光的直接照射下，即使不运动，所消耗的水分也是阴影下的 3 倍。如果在白天的太阳下行走，只能生存 1～2 天。另外，在炎热、缺水、干渴、焦虑的情况下，千万不要被海市蜃楼的假象所迷惑。一个人进行沙漠探险是很危险的，所以沙漠探险多数情况下是团队行为。

（3）丛林、灌木丛穿越

在丛林中行进，首先要注意的是防蚊虫、毒蛇等的叮咬，并扎紧裤腿、袖口、领口，戴上手套。为防止毒蛇袭击，行进中应手持木棍“打草惊蛇”。另外，丛林中植物繁密，人无法通行时，可用砍刀开路，同时要注意猎人设置的陷阱，遇到路中间突然有散盖的乱草和树叶，或是路边突然有不自然弯下的树干和竹枝时，要注意可能是捕兽的铁夹子或吊索。

（4）渡河

穿越河川是户外徒步时可能遇到的一个问题，通常我们可以依靠地图来判断穿越区是否有大的河流，因此，穿越河川时必须慎重选择过河地点。行走经验：最好的办法是寻找桥梁，通过询问当地人了解桥梁位置，在万不得已时才徒步穿越河川。水流缓慢的，可选较浅处渡过，并在容易上岸的岸边登陆。避免光脚，穿鞋渡河比较安全。

（5）夜行

一般来说，夜间户外不会是一团漆黑的，夜间观察物体最好观察它的轮廓和边缘，同时注意运用听觉和嗅觉辅助观察周围的环境。需要查看地图时，用红布包住手电筒前面，可有助于维持夜视能力。

二、野外生存的技能

野外生存是指人在住宿无着的山野丛林中求生的方式。随着社会的发展，这项技能逐步深入普通民众的生活中。

（一）野外生存的特点

野外生存是一项别具特色的运动。运动的方式是多种多样的，人们通常选择跑步、游泳、打球、做操等“常规”活动。户外运动可以说是别具特色的，它必须由参加者自行准备、背运营具和各类物品，长途跋涉，安营扎寨，这无疑对人们的体力是一种特别的挑战和考验，因而对身体的锻炼是极富意义的。

野外生存可以使人回归自然，增长知识，陶冶情操。尽管人们正着力改造工作环境、学习环境和生活环境，以便拥有良好的生活空间，但这个空间毕竟是有限的，因而“回归自然”已成为当今世界的一种潮流。野外生存是一项挑战自我、提高生存本领的活动。假如让我们远离城市，在野外大自然中生活，有可能会手足无措，甚至出现生存危机。倘若我们具有一定的野营知识和亲身经历，定能在实践中战胜自我，提高生存本领和能力。野外生存是一项集体活动，能培养人们的集体主义精神、团队精神。学校通过设置野外生存体育课，使学生掌握野外生存的基础知识、理论，发展他们的走、跑、攀、爬等生存能力，以不同的方式实现大学体育教学大纲所提出的学生身体素质发展目标。野外生存这门体育课，内容以教育性、层次性、理论联系实际为原则，具有一定的深度、难度。

（二）做好野外生存体验的准备工作

任何种类的旅行都必须有一个完善的计划，制订一个计划要考虑到旅行的地点、团队人数、旅行时间等因素，考虑得越仔细、计划得越周全，旅行中遭遇的意外事件就越少。出发之前的准备工作非常重要，路线和行程计划、基本装备、野营装备、食物、气候环境、急救措施等诸多因素都要考虑周全，要尽可能想象在野外将会面临的各种境况，以便准备相应的技能和装备，以保证野外生活的安全。所以，如何装备自己，在很大程度上决定了野外生存活动的成败。

确定行动目的及意义：出发行动前，可以肯定一个集体或一个人都有大致的目的及意义，即出游的基本动机。不一定要明确太多的目的，可以是一个大致或综合的，如休闲、地理考察、风光摄影、民族风情考察、体质锻炼、加强友谊等。而带有一些不良情绪外出的人，有可能是整个集体中的一种不稳定的或有可能影响整体行动的因素。思想准备工作：出发前要充分做好思想准备工作，必须尽可能地想象各种将会面临的境地，确认自己能胜任计划中所安排的一切，使人的身心保持健康、愉快。外出旅行探险，统一全体人员的思想及认识是一件很重要的事，否则将是一盘散沙。所以，野外生存运动，不仅要求能吃苦耐劳，而且要有面对各种困境、险境，甚至流血、病痛、受伤的思想准备，同时还要认识到经常会碰到各种突变的问题和麻烦。因此，我们要根据所去地的实际情况，做相应的思想准备。体力准备：凡是要参加户外活动，体力上的准备不可缺少。户外活动的体力准备是多方面的，其中最主要的是耐力和力量两项身体素质的锻炼。

第四节　山地户外运动与冰雪户外运动

一、山地户外运动

（一）攀岩

1. 攀岩运动的内涵

攀岩是参与者在不借助外力的情况下，依靠自己手脚的力量和身体的平衡克服自身重力，攀登陡峭岩壁或人造岩墙的一项新兴体育运动。近几年，攀岩运动的发展在我国已经形成了一定的规模，一些高校也纷纷开设了攀岩运动课程，吸引着越来越多的青少年参与。

2. 攀岩基础技术分析

（1）手部动作

在攀岩运动中，手部技术是参与者抓住支点、维持身体平衡的关键，手臂力量的大小也会对攀岩运动的质量和成绩产生较为直接的影响。特别是在初学阶段，参与者很难对下肢力量进行有效的利用，这就使得手部技术的作用变得更加重要。①开握。当支点的边缘或某些点的小洞可以为手指第二关节提供支撑时，其整个手部就可以靠在岩面上。②紧握。紧握是攀岩运动中常用的一项手部技术。参与者应将四指并拢，并将拇指搭在食指上。③半紧握。此方法的抓点方式与紧握相似，只是拇指并未压在四指上，同样只有第一指关节受力。④抓握。这种方法与开握抓法相似，但通常需要拇指协同发力。⑤侧枢。此方法是由四指侧向拉住支点，大拇指压在支点的边上进行固定的。⑥捏握。捏握时，大拇指捏的方向与手指的方向是相对的。⑦侧握。侧握技术与侧抠点和捏握手法都很相似，但在侧握时，拇指是基本不发力的。⑧反扣。支点的可抓握方向朝下或与身体移动方向相反。⑨手腕扣点。在遇到大支点时，可以通过弯曲手腕进行曲握支撑来放松前臂，它可以把前臂的力量转移到骨头上，所以这种手腕的弯曲动作是很好的休息姿势。⑩抓点。在攀岩过程中，会遇到很多向外或向下的柱状支点，这时就可以使用抓点的方法进行固定，使整个手掌充分与支点接触。⑪手掌按点。在面对一些较大的圆形点时，需要使用整个手掌的摩擦力才能按住支点。⑫前臂勾点。通常在遇到一些非常大的支点时会使用前臂勾点技术，通过用肘关节夹住支点，依靠大臂的力量控制身体。⑬拇指扣点。在面对水平抠槽的支点时，除了可以使用开握或紧握抓法，还可以通过拇指扣住支点的方法进行攀登。⑭指甲抠点。这种抓点方法较为极端，会在面对一些可抓部分较薄的支点时使用，手指指尖部分垂直顶住支点，利用手指第一指关节的力量支撑。⑮曲握。曲握是把手掌弯曲，四手指并拢，大拇指压在食指上。⑯口袋点。当遇到可以将手指伸进去的支点时，如果口袋点较大，则可以将四指的前端全部伸进去。⑰交叉手。主要动作是当一只手抓握一支点时，用另一只手去抓握线路中的下一支点，且双臂形成交叉。⑱换手。在攀登过程中有时可能需要在一个支点上进行换手的操作，即左右手相互交换抓握支点。其实，换手技术动作较为简单，关键在于换手时要保持较为稳定的身体状态，把握好自己的重心。

（2）脚部动作

在攀岩运动中，脚部的支撑和攀爬动作是完成90度以内岩面攀登的主要保障。①正踩、侧踩。在进行踩点时，要注意踩点的面积，并不是越大越好，而是尽可能地寻找可发力的部位。具体来说，形式主要有以下三种：正踩：正踩是通过鞋尖内侧边拇趾处进行踩点。在做正踩动作时应尽量抬高脚跟以增加对支点的压力。侧踩：侧踩是通过攀岩鞋的前脚掌外侧边四趾部位进行踩点。因此，在做侧踩动作时也应尽量抬高脚跟。鞋前点踩：使用攀岩鞋的正前方部位踩点。②摩擦点。这一动作在身体悬空时非常适用，它是通过将鞋底的大部分压在岩面上尽可能地产生摩擦力。踩点时脚跟要向下倾，尽量增加攀岩鞋与支点的接触面积，以达到增加摩擦力的目的，使踩点时更加牢固。可以看出，这个动作对于身体悬空时特别适用。③脚后跟钩。脚后跟钩是指用脚的后跟部位钩住支点。在钩的过程中，伸腿、屈胸，向上直到脚能钩到支点，腿部发力将身体勾向勾点的方向，以减少手部所受的力量。④叉脚。当一只脚踩踏支点时，另一只脚从身体内侧或外侧交叉穿过踩踏线路中的下一支点。同支点的交叉也是交叉脚的一种，当遇到较大的支点时，可以用脚踩踏支点的一侧，另一只脚交叉踩踏支点的剩余部分、完成交叉脚的动作。⑤顶膝动作。顶膝动作是一个很好的休息动作，这个动作是用脚部踩住支点的同时，用膝部顶住另一个支点。⑥膝盖勾点。这个动作主要用于翻出屋檐地形。⑦挂腿。当一只手抓握一个比较大的支点时，将这只手的对侧腿抬起，挂在手腕上并依靠手腕和手臂的力量将身体抬升。可以看出，挂腿对技术动作的要求非常高。

（3）基本攀岩技术

①侧蹬。侧蹬是攀岩运动中的一项非常重要的技术，它可以有效地节省上肢力量。在使用侧蹬技术进行攀爬时，身体应侧向岩壁，以身体对侧手脚抓握和踩支点，另一只腿伸直用来调节身体平衡，靠单腿力量站起，抓握上方支点。②扭身锁定。扭身锁定是将身体扭转、使身体侧对岩壁而不是正对岩壁，具体方法是先靠，只手锁定身体，然后由另一只手去抓握下一支点，尤其在面对斜面或屋檐地形时，使用得更为广泛。③侧拉动作。侧拉动作是一个在野外攀登裂缝时常用的技术。④脚上手点。攀登时，以将右脚抬至右侧靠近腰部的支点为例，先将腰部向左偏向岩壁外侧做少许移动，为右脚腾出一定空间。

（二）定向越野

1. 定向越野运动概述

现代定向运动起源于 19 世纪末的瑞典。1897 年 10 月 31 日，世界上第一次公开的定向运动比赛在挪威的首都奥斯陆举行。此项赛事被认为是定向运动历史上的一座里程碑。在进入 20 世纪后，定向运动得到了快速发展，并逐渐成为一个独立的运动项目。1961 年 5 月，在丹麦首都哥本哈根成立了世界上第一个国际定向运动组织，简称国际定联，并规范和完善了一系列比赛的规则与技术，确定为世界统一的竞赛项目。

进入 21 世纪，现代定向运动在世界范围内得到了广泛的推广和传播，并在原有基础上得到了有效的拓展和创新。这也使定向运动成为一种任何人在任何地方都可以参与的大众化的体育运动项目。

2. 定向越野技术分析

（1）越野跑

实际上，定向越野跑属于一种长距离的间歇式赛跑方式，经常会在途中停下来查看地图和辨别方向。同时，还应认真分析比赛的具体情况，提高自己的加速能力。在具体的越野跑过程中，应着重注意以下几个方面的要求。①姿势。身体应保持微向前倾或正直的姿势，做到身体各部位动作的协调配合。②呼吸。最好采用鼻子与嘴共同呼吸的方式进行。③体力分配。可以按选择路段、比赛阶段、自身体能状况的不同而确定体力分配。④速度。在越野跑过程中，要注意控制奔跑速度，过快或在途中加速太猛不仅会影响体力的正常发挥，而且会严重地影响判断力。⑤节奏。运动中人感到最适宜的节奏是每分钟 79～90 次，即每步时值为 0.25～0.67 秒。⑥距离感。在越野跑中，距离感是一种非常重要的能力，它可以帮助提高找点的速度，并且有利于合理地分配自己的体力。

（2）越野跑的基本技术

①在道路较为平坦的情况下，可以采用与中长距离跑相同的技术。②在面对草地和高苗地时，跑动要用全脚掌着地，同时要注意自己前下方的具体情况。③在上坡时，要保持身体前倾，大腿适当高抬，并用前脚掌着地，小步跑上去。④在下坡时，上体要稍向后倾，并以全脚掌或脚跟着地的方法进行。⑤从稍高的地方往下跳时，可用跨步跳的动作。同时，在落地时两脚应稍微前后分开，以便继续向前奔跑。⑥在树林中奔跑时，注意不要被树枝、树叶、藤蔓等划伤。⑦遇到小的沟渠、矮的灌木丛或倒伏树木时，要增加速度。

（三）山地自行车

1. 山地自行车运动概述

自行车是最常见的人力交通工具，骑上山地自行车征服艰难的路段总能产生一种成功的喜悦。山地自行车运动产生以后，山地自行车比赛也被各个国家的运动协会所接受。

1983 年举行了美国山地自行车冠军赛。1990 年 9 月，24 支国家自行车队在美国科罗拉多州多伦哥市参加了第一次正式的世界比赛。1996 年山地自行车越野赛成为亚特兰大奥运会的正式比赛项目，标志着山地自行车最终在体育界有了一席之地。

2. 山地自行车基础技术分析

（1）山地自行车的基本操作技术

身体姿势：在骑行时，上体较低，头部稍倾斜前伸；双臂自然弯曲，便于腰部自然弯曲。热身：大多数车手对运动前的热身运动不够重视，肌肉得不到适当的伸展，在运动中很容易受伤。手的姿势：通常手握车把的姿势由车手自己决定，但必须注意以下几个方面的要求：①握把时不要过于用力，要保持相对放松状态。②车把不要抓得太紧。③骑车过程中，拇指和其他几个手指分开成空拳状握住车把，拇指和其他几个手指一起放在车把上面。④踏蹬技巧。脚蹬是向自行车传送能量的重要方式，车手应该掌握能够最大限度地传送能量的踏蹬技巧。要想掌握这一技巧，最好的方法是选择平坦的地面或者在公路上骑车。因此，具体应该根据实际情况和需要进行有针对性的选择和运用。

（2）刹车技术

刹车是控制自行车骑行速度的重要手段，它可以为自行车提供较好的制动力，车手只需要一两个手指就能操作刹车装置，锁住车轮，其他三个手指用于握住车把，控制自行车。但是，根据地形和车闸刹车效果的不同，两个车闸应该谨慎使用。在下坡的急转弯，需要使用到刹车时，尽量使用后刹车的力量。变速技术：变速装置是为更省力、更舒适而设计的，以免因出力不均而产生的疲劳。

二、冰雪户外运动

（一）滑雪与滑冰

1. 滑雪运动概述

近年来，滑雪运动受到广大滑雪爱好者的喜爱和追捧，它是由滑雪者手持滑雪杖、脚踏滑雪板在雪面上滑行的一种运动。在许多国家，滑雪运动成为冬季最受欢迎的休闲、竞技运动项目。滑雪运动在世界各地获得迅速发展，尤其是现代竞技滑雪运动。目前，世界上比较正规的滑雪运动比赛项目主要有高山滑雪、冬季两项滑雪、越野滑雪、雪上滑板滑雪和自由式滑雪等，各大项目又细分为众多小项。高山滑雪具有惊险、优美、动感强、魅力大等特点，被视为滑雪运动的精华和象征，是休闲滑雪的首选和主体项目。在越野滑雪中，超短板、单板滑雪比高山滑雪更具有刺激性，对技术的灵活性要求更高，但是在我国仍未获得广泛开展。滑雪运动要求在滑动过程中对技术进行合理操纵，但是重心不易控制，因此，在参与滑雪运动的初期，运动者应在专业人员的指导下进行练习。

2. 滑雪运动技术

（1）蹬冰式滑行

蹬冰式滑行是指运动者在平地或缓下坡地段两腿按速度滑冰的方法蹬动与滑进，双手虽持杖但不使用，只是配合腿部动作而摆动。较适合在平地及缓坡、当滑行速度达到 1.5～8 米/秒以上时运用。蹬冰式滑行技术主要分为一步一撑蹬冰式滑行和两步一撑蹬冰式滑行两种类型。①一步一撑蹬冰式滑行。该滑行技术的具体操作方法如下：双杖推撑的同时，右脚蹬动并移重心至左板；左脚向前滑进，右脚蹬动后向左板靠拢；自由滑进的左脚再蹬动，同时开始撑杖。②两步一撑蹬冰式。该滑行技术的具体操作方法如下：右板向前滑进并利用内刃进行有效的蹬动，接着将重心移到左侧板上并承担体重向前滑行，同时两侧杖推撑，但左侧杖的推撑力要大于右侧杖。

（2）单蹬式滑行

单蹬式滑行技术的具体操作方法如下：①用右腿内刃向侧用力蹬动，两杖同时向后推撑；②蹬动结束后，重心移向左侧板片承担体重向前滑进，与此同时，双杖前摆。转弯滑行技术的具体操作方法如下：身体向弯道圆心侧倾倒；内侧板沿弯道切线方向滑进，并时刻调整方向勿远离圆心。

3. 滑雪器材的选择与应用

滑雪运动常用的器材主要有以下四种：①滑雪板。滑雪运动所用的滑雪板是由多层结构构成的，其主要包括弹性板材、抗扭力盒型结构、板芯、玻璃纤维复合材料、高分子底板、边刃等。②滑雪杖。运动者在选择滑雪杖时，一般应以本人手臂下垂后肘部离地面的高度为宜。③滑雪靴。滑雪靴主要由内部和外部两个部分构成，外壳坚硬不易变形，内层由化纤物和保暖物构成。④固定器。固定器是联系滑雪板和滑雪靴的重要部件，对保证滑雪者能够安全滑雪起着重要的作用。

（二）溯溪与溪降

1. 溯溪运动概述

溯溪是由峡谷溪流的下游向上游，克服地形上的各种障碍。溯溪本是登山行进中的技术之一，由峡谷溪流的下游到上游，直至顶峰。在溯溪过程中，溯行者借助一定的装备，具备一定的技术，去克服诸如急流险滩、深潭飞瀑等许多艰难险阻，充满了挑战性。溯溪活动需要同伴之间的密切配合，利用团队协作精神，去完成艰难的攀登，得到克服困难后的自信与成就感。所有的困难和未知都是启发漂流者思考和向上的动力，这就是溯溪的魅力。

2. 溯溪的方式与器材装备

（1）溯溪的方式

初级溯溪是溯溪运动的方式之一，沿着溪谷，逆溯到溪的源头，其行程不受时间限制，路程多少不定，踩着清流碎石缓步走入清幽宁静的溪谷中不知不觉往上游走，这就是溯溪的开始。以地域研究为主的溯溪也是溯溪运动的一种方式，需要动员大量人员，长年累月利用假期逐一探测才能完成。完全溯溪：这种溯溪方式就是克服一切岩壁峡嶂，穿越无数急流深潭，再蜿蜒登顶，然后依山径路线而下。漫无目的的溯溪：漫无目的的溯溪具有较强的休闲娱乐性，是目前国内最盛行的一种溯溪方式。

（2）溯溪的器材装备

溯溪属于登山运动的一种，因此，该运动也需要登山的器材装备。技术装备包括以下方面：①安全头盔。避免落石或跌倒时可能的碰撞。②主绳。9～11 米，防水。③安全带。攀登者穿在身上，由铁锁等与主绳相连。④铁锁。用于连接各种绳索、安全带及攀登器械。⑤上升器。用于向上攀登的器械。⑥下降器。⑦水镜。可保护攀登者眼睛。

在个人装备方面需要准备以下方面。①溯溪鞋。这种鞋是用于垂钓的防滑鞋，鞋底摩擦力大。②防水衣物。其主要为轻便、透气性良好。③护腿。④保暖衣物和露宿帐篷、炊具等。溯溪者还可自带渔具等，在露营时享受垂钓带来的乐趣。

3. 溪降运动概述

近几年，溪降运动作为一种户外休闲运动逐渐兴起，其在阿尔卑斯地区较为盛行。溪降运动由现代登山运动演化而来，它与其他户外运动相比更富刺激性和挑战性，因此对溪降者的技术和身心素质要求较高。溪降运动自 20 世纪 90 年代末在我国开始流行，经过近几年的发展，溪降爱好者的队伍不断发展壮大。溪降运动与溯溪运动的方向相反，它自上游向下游展开。溪降运动具有较强的休闲娱乐性，是一项适合于普遍开展的大众户外休闲运动，尤其适合青年溪降爱好者参与。

4. 溪降运动的装备与注意事项

溪降运动的装备：在溪降运动中，往往存在一定的危险因素，因此需要溪降者配备专业的登山装备、尽量减少意外的伤害。①专业溪降静力绳。②下降器、“8”字环。通常用双绳下降，但制动手不能离开绳子。③上升器。在攀登过程中，用于向上攀登使用。④安全头盔。可用轻便的攀岩头盔。⑤安全带。穿在身上，由铁锁等与主绳相连，起保护作用。⑥铁锁。⑦溯溪鞋。具有防滑设计的溯溪鞋、草鞋或运动鞋，另外有防滑底的运动凉鞋也是一个不错的选择。⑧着装。以伸缩性大的运动裤或游泳衣裤为主。⑨手套和护腿。护腿分长筒和短筒两种，长筒除护小腿外还可护膝。

溪降运动的注意事项：在溪降运动中，溪降者需要注意以下几个方面。

第一，溪降者在溪降前应仔细观察路线，然后确定溪降的路线。

第二，参加溪降的人员必须具备游泳技能。

第三，溪降前溪降者必须将溪降所用的保护绳设置好。

第四，在溪降的练习过程中，溪降者必须经常检查支点的牢固性和所系绳结是否有松动及绳子的磨损情况。

第五，保护者必须做好自身的安全保护。

第六，保护者必须认真观察练习者溪降的整个过程。

第七，在溪降练习前，溪降者必须检查安全带穿戴是否正确。

第八，溪降时，溪降者应注意手脚的配合及保持身体的平衡。

第九，溪降必须戴安全帽进行。

第十，溪降者在下降过程中，应注意岩石、陡坡、裂缝、水流的冲击等。

第八章　大学体育教学评价

第一节　大学体育教学评价概述

一、大学体育教学评价的概念与分类

大学体育教学评价是大学体育教学系统的重要构成，是大学体育教学活动的重要组成部分之一，具有重要的地位和作用。

大学体育教学评价是一种价值判断，评价的对象包括两个方面，即教师的“教”与学生的“学”。大学体育教学评价既要重视对过程的评价，也重视对结果的评价。[①]

按照不同的分类标准，教学评价可分成不同的种类，具体分类参考表 8－1。

表 8－1　大学体育教学评价分类

分类标准	大学体育教学评价类型	
评价基准	绝对评价	判断是否能达到预期目标，不评价水平
	相对评价	判断个体在群体中所处的位置（成绩的优劣）
	个体评价	对个体的过去、现在或不同侧面做纵横比较
评价内容	过程评价	对达到教学目标的方法和手段进行评价
	结果评价	对教学活动实施后的效果进行评价
评价方法	定性评价	进行“质”的分析，做出定性描述
	定量评价	进行“量”的分析，做出定量结论的评价

① 张健．新课程标准下体育教学评价的问题与对策研究［J］．课程．教材．教法，2015，35（6）：98－102.

续表

分类标准	大学体育教学评价类型	
评价功能	诊断性评价	在教学活动开展前进行，对学生情况进行摸底，判断学生是否具有可实现教学目标的条件
	形成性评价	教学过程中，为达到更好的效果而不断进行的评价
	总结性评价	教学活动结束后，教师从整体教学出发，对教学内容和效果进行评价
评价目的	选拔性评价	综合性选拔性评价
	甄别性评价	判断个体在群体中的位置和个体的特殊能力水平
	发展性评价	发现优点，有针对性的鼓励性评价
评价者	教师评价、学生评价、校领导评价、家长评价、学者评价等	

二、大学体育教学评价的特点

（一）动态性

大学体育教学的开放性、动态发展，决定了大学体育教学评价的动态性特征。

大学体育教学评价是针对大学体育教学的评价，大学体育教学过程是一个动态的过程，大学体育教学活动的开展，受多种因素的影响，在大学体育教学过程中，教师、学生以及大学体育教学体系的各构成要素都时刻发生着各种各样的变化，充满了不确定性，因此，大学体育教学评价不能是一次性的、单一的、某一阶段的评价，必须随着大学体育教学的开展过程不断做出新的评价，可见这是一个关注师生发展、教学发展的动态评价。[①]

（二）多元性

大学体育教学评价的多元性表现如下。

1. 评价主体的多元性

科学的大学体育教学评价主体应是多个而非一个。传统大学体育教学评价中，教师是学生体育学习的评价主体，教师一人执行学生的体育学习评价并做出最终结果评价。这种评价存在的弊端在于教师面临的学生众多，很难做到对每一个学生全面客观了解，而且教师对所有学生在短时间内集中做出评价，工作量大，受到主观因素的影响容易产生工作倦怠，可能导致评价不客观、不公正。现代大学体育教学中的科学教学评价要求评价主体多元化，从不同的角度和侧面对同一个人做出评价，以教师评价为主，重视教师评价、学生

① 张立燕. 从体育教学特点谈高校体育教学评价［J］. 科技信息（学术研究），2006（7）：362.

互评、自评的有机结合，以及其他评价主体的评价，这种多元性的评价更加客观、平等、公平、公正、全面。

2. 评价方法的多元性

新的教学思想和观点更加重视学生在大学体育教学中的主体地位，要求教师重视学生的发展，只有这样才能真正促进大学体育教学的改革与进步。因此，对于学生的评价应是多方面的，在大学体育教学评价中，应尽可能多地选用适合的教学评价方法，以对学生的体育学习的评价为例，不仅要重视对学生学习效果的评价，而且要关注学生的学习过程、技能掌握情况、学习态度、体育意识、意志品质的养成等。[①] 总之，评价要做到全面，要涉及方方面面。评价者应熟悉了解各种评价方法的适用情景、优势和缺点，以便于在大学体育教学评价中能灵活、准确地应用，使大学体育教学评价更加高效、合理。通过不同的教学评价方法更好地反映学生在体育学习中的不同方面的学习过程、结果，以获得更多、更全面的学生学习信息。

3. 评价标准的多元性

通过多元化的评价标准对学生的体育学习做出不同层次、级别的评价，以便于更加全面地掌握学生的体育学习信息，通过多个不同标准的评价描述，做到评价更加精准。

（三）过程性

教学实践表明，单纯重视教学结果的评价并不能真正反映教师和学生的教、学的情况，针对评价对象的“教”或“学”的评价不应该是只注重结果的，而不能反映教师与学生的态度和自我教、学的进步。教学评价的过程性体现了大学体育教学评价的科学性，因此，应该关注评价对象的“教”或“学”的过程，这也是教学评价强调重视对教学过程评价的原因。

阶段性的、一次性的评价结果是整个学习过程的综合反映，但是很难完全客观地反映每一个学生在体育学习中的进步程度，虽然不同的评价对象之间存在个体差异，但可能导致结果性评价是一样的，体现出结果性评价的局限性。

大学体育教学评价，应关注学生在体育学习过程中的进步，促进每一个学生都有所发展的大学体育教学才是科学的大学体育教学，针对学生的大学体育教学评价应关注学习过程。

（四）多样性

多样性的评价是专指大学体育教学方法的多样性选择。对于大学体育教学来说，学生的学习态度、学习进度、学习成果等表现在多个方面，只使用一个教学评价方法不可能把

① 杨建林. 体育教学评价的价值取向［J］. 湖北体育科技，1996（4）：6—7.

学生多方面的表现与进步都进行充分的评价，为了使评价更客观，应选用多个评价方法进行综合性、全方位评价。

教学评价内容与方法的多样性是相互对应的，具体来说，针对不同的评价内容应选择相应的评价方法，如此才能做到使学生的体育学习全方位地呈现出来，使评价更全面，对学生的了解更全面、深入。

在大学体育教学课程改革大背景下，大学体育教学关注师生在大学体育教学中的共同发展与进步，针对学生、教师的评价要具有多样性，包括评价内容、评价方法、评价主体等各个方面。更多、更全的评价才有可能是更科学的评价，才能更加真切地反映学生的“学”、教师的“教”的真实情况。

（五）发展性

大学体育教学评价的发展性表现在以下三个方面。

第一，大学体育教学评价旨在促进学生、教师、大学体育教学的全面发展与进步。大学体育教学评价的发展性，就是指大学体育教学评价应重视对评价对象的发展进行评价，关注被评价者的进步性。传统大学体育教学忽视学生个人的体育发展需要，忽视了学生的健康，教师只重视运动技能的传授，直接导致大学体育教学的训练化，在教学评价中只重视学生技能的掌握，忽视了学生的体育兴趣、态度、能力以及情感等方面的发展。在“以人为本”“健康第一”等新的大学体育教学思想和观念明确指出后，大学体育教学的目的是培养符合社会发展需要的人才，大学体育教学的多元教育价值被越来越多的大学体育教学工作者认识到，要求评价者应重视学生发展、重视教师发展，而非某一方面的发展。

第二，现代大学体育教学评价重视教学评价对象——学生和教师的长期发展，而不是某一次课、某一学期的教学中的发展，教学评价的长期发展性评价标准使得整个大学体育教学不过分注重某一阶段的师生发展不足，而更关注师生的长期可持续发展。

第三，教学评价方法、方式与内容、标准也在不断地发展与进步过程中。教学评价本身的发展可以使针对不同对象的大学体育教学评价更加科学。

三、大学体育教学评价体系的构成与构建

（一）大学体育教学评价体系的构成

1. 评价目的

大学体育教学评价体系是一个多对象、多因素的复杂系统，评价的对象不同、目的不同。

评价目的是评价的依据，是评价的出发点。评价目的的分析与选择是构建科学大学体育教学评价体系的重要环节。在开始进行教学评价前，必须首先有一个准确、具体的

目的。

2. 评价对象

评价对象是大学体育教学评价体系的重要构成要素之一，没有评价对象的评价体系显然是不完整的。

从大学体育教学活动参与者的角度来讲，大学体育教学评价面向四个方面的评价。

“教”的方面：教师“教”的过程、“教”的结果。

“学”的方面：学生“学”的过程、“学”的结果。

通过对大学体育教学本质的分析，整个大学体育教学评价的对象可以结合教学主体——教师与学生，及其活动——教与学，共同构成如图 8－1 所示的教学评价对象体系。[①]

在大学体育教学评价体系中，对评价对象的确定受大学体育教学客观规律的制约。具体来说，大学体育教学评价智能选择大学体育教学活动中的一个或多个对象，绝对“全面”的评价是不可能的，教学评价不可能一次涉及多个方面。

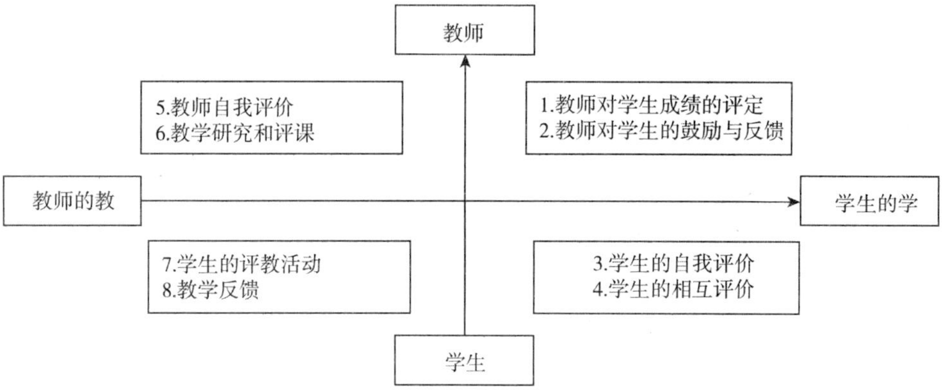

图 8－1　教学评价对象体系

3. 评价主体

所谓评价主体，是指参与评价，对评价对象进行评价并做出评价总结的人或机构。

在大学体育教学评价中，评价主体是多元化的，参与大学体育教学的主要活动者和体育教育教学工作者、研究者都可以成为评价主体，如教师、教学管理者、学者、管理人员，学生，有时家长也作为评价主体对师生进行教学评价。[②]

要成为大学体育教学评价主体，就必须具备大学体育教学评价的能力，了解教学评价的重要性与意义，做好评价信息收集工作，客观、全面地做出评价。

---

① 王剑. 高校体育教学评价问题研究与分析——评《体育教学设计》[J]. 中国教育学刊，2016 (7)：118.

② 司阳. 基于教育改革背景下的高校思政课教学评价理念新思考——评《教师教学评价：主体·标准·模式·方法》[J]. 热带作物学报，2021，42 (11)：3415.

4. 评价内容

评价内容，也就是评价的指标体系。

在大学体育教学评价体系中，明确评价内容（指标体系）是非常重要的一个环节，也是评价者应重点研究的问题。就整个大学体育教学评价研究来看，教学评价内容也是当前完善大学体育教学评价体系迫切需要解决的问题。

任何一门学科的教学，包括大学体育教学，在各个时期都对教学所培养的人才有不同的要求，因此，教学评价内容也就必然反映时代发展要求和社会发展需要。

针对不同的评价目标可以选择不同的评价内容，并确定评价指标，如了解学生体能素质发展的各个生理指标检测；了解学生学习态度的出勤率、作业质量等。

5. 评价方法

大学体育教学评价方法包括教育评价和心理测量的所有方法，它具有层次性，可进行多角度分类并根据实际评价需要进行选择。评价方法是否合理将直接影响评价效果。

6. 评价管理

评价管理是评价系统的重要构成要素，但也是容易被忽视的要素，而实际上，评价管理将对整个评价操作产生重要影响。评价管理包括与评价有关的各种政策、条例和制度，对评价主体、评价过程具有思想教育和规范作用。

在大学体育教学评价体系中，要确保整个评价体系的完善，明确、规范、有效的评价管理有助于充分调动各种评价因素，促进评价工作的顺利开展与实施。

宏观方面，现阶段，我国关于教育、教学评价的法规制度起步较晚，在很多方面还存在诸多的问题，影响着大学体育教学的发展，需不断完善。

（二）大学体育教学评价体系的构建

大学体育教学评价体系的构建是一个严谨、系统的过程，这里对大学体育教学评价体系构建的原则进行重点分析。

1. 客观性原则

从宏观角度来说，大学体育教学评价应遵循客观理论和教学发展规律，任何内容与形式的大学体育教学评价都不能以个人的意志为标准设置教学评价体系，大学体育教学评价应在科学评价理论的指导下，结合我国大学体育教学客观现状构建。

从评价主体角度来说，评价主体是人，人的思想和行为受到主观臆断或受个人感情的影响，所得出的结论或多或少都带有一定的主观意识，要尽量做到客观。

大学体育教学评价的客观性要求如下。

第一，评价标准客观，避免随意性。

第二，评价方法客观，避免偶然性。

第三，评价态度客观，避免主观性。

2. 科学性原则

进行教学评价时都希望可以得到科学的评价。要实现科学评价，构建科学的教学评价体系是前提，教学评价体系构建的每一个过程和环节都应该做到科学合理。

构建科学的大学体育教学评价体系，应坚持科学性要求如下。

第一，以科学为依据，明确评价目标、标准。

第二，避免主观，评价方法、程序要科学。

第三，教学评价包括教与学两个方面，这两个方面的评价必须做到有机结合与统一，并充分体现教学目标与基本要求，在此进程上展开评价。

第四，教学评价方法应科学，评价者应掌握和灵活使用最新的、最能充分统计和概括评价结果的统计方法与测量手段，以获得真实有效的信息。

第五，科学选用评价工具。

3. 全面性原则

构建大学体育教学评价体系应坚持全面性原则，教学评价应全面，否则就不能真实反映教学系统的整个过程与效果，这样的评价是没有意义的评价。因此，全面性原则是教学评价的重要的基本原则之一。

大学体育教学系统复杂，要做到整个大学体育教学评价体系的科学性与系统性，就要统筹兼顾各个方面，关注到评价体系所各个要素的多元的、多样的、发展性、动态的，以及相互之间的关系，因此，构建大学体育教学评价体系必须要全面。

大学体育教学评价中遵循全面性原则的要求如下。

第一，多角度评价。

第二，全方位评价。教学评价需要多元化的评价指标，以全面了解评价对象的信息。

第三，评价明辨主次、轻重。

第四，综合运用多种评价方法，进行多种类教学方法的综合评价，如此才能做出全面、正确的评价。

4. 可比性原则

从某种意义上来说，教学评价过程也是一个比较的过程。大学体育教学评价体系的构建必须具备可比性，具体要求评价结束之后应有一个具体的结论。

构建大学体育教学评价体系，评价并非目的，通过评价发现差距、不足进而改进才是目的，评价体系构建应突出以下特点。

第一，关注评价的横向比较。

第二，关注评价的纵向比较。

第三，通过比较发现问题、及时改进。

5. 导向性原则

大学体育教学评价体系要能够指导大学体育教学工作的发展方向，并能促进大学体育教学活动开展，推动教学发展。

现在，大学体育教学不断发展，通过教学评价，不仅是得出评价结论就结束评价工作这么简单，而且是发现教学中的问题、教学中需要改进的地方，并提出科学化建议与对策，不断优化教学过程，提高教学质量和水平。

大学体育教学评价过程中，对具体效果和行为做出评价并改进是最基本的教学目的，但不能仅仅停留在就事论事方面，而应把评价和指导有机结合起来，为以后教学的完善提供启发、指导。

大学体育教学评价遵循指导性原则的要求如下。

第一，在一定数量与大学体育教学评价相关的资料的基础上进行评价，避免缺乏根据地随意评价。

第二，及时反馈教学评价信息，评价结果要准确描述，指导方向要明确。

第三，评价结果应具有启发性，能为以后的教学活动开展、教学发展进步提供思考。

第二节　体育教师教学质量评价

一、体育教师教学质量评价的内容

在大学体育教学过程中，教学效果与教学任务的完成具有密切联系，针对体育教师的大学体育教学效果的评价，是对体育教师最重要的一部分评价。针对体育教师教学质量的评价，应关注教师教学中的各教学要素的合理控制，具体如下。

（一）大学体育教学思想的贯彻落实

教育教学思想对教学实践具有重要的指导作用。在大学体育教学组织与实施过程中，体育教师一定要坚持最新的大学体育教学思想（“健康第一”“以人为本”“终身体育”）[①]，并在教学实践中落实。这是现代大学体育教学的基本要求，也是体育教师对自身教学进行评价的一个重要内容。

（二）大学体育教学课程标准的制订

体育教师在评价自我教学时，应专门针对自身的大学体育教学是否符合体育课程标准

① 胡水. 新世纪我国高校体育教学思想研究 [J]. 当代体育科技，2015，5 (6)：102－103.

进行评价，具体评价如下。

第一，是否达成学习目标。

第二，是否符合课程标准要求。

第三，是否全面完成教学任务。

（三）大学体育教学各要素的搭配与实现

1. 教学内容选用

第一，是否体现思想品德教育。

第二，是否与教学目标相符。

第三，是否体现最新的教学思想与理念。

第四，是否科学安排、全面落实。

2. 教学方法选用

第一，是否与教学目标、内容、特点相符。

第二，是否与学生的身心特点相符。

第三，是否有利于促进学生学习的开展与持续进行。

第四，对教师、学生是否具有启发性。

第五，是否有利于学生知识的掌握与技能的提高。

第六，是否有利于学生创新意识与能力的培养。

3. 教学手段选用

第一，是否有利于教学活动的生动、具体、直观。

第二，是否有助于提高教学效果、学习效率等。

4. 教学技能实施

第一，讲解是否准确、规范、简洁。

第二，专业术语和口语运用是否正确。

第三，示范动作是否正确、优美。

第四，是否妥当处理教学意外。

（四）大学体育教学任务的完成情况

在大学体育教学中，教学效果与教学任务的完成具有密切联系，针对体育教师的大学体育教学效果评价，评价重点在于教师在大学体育教学过程中是否完成了以下工作内容。

第一，教师是否完成了教学任务。

第二，是否有利于调动学生的学习积极性与主动性。

第三，学生是否完成了学习任务。

第四，是否培养了学生的体育学习与锻炼习惯。

第五，是否培养了学生的良好品质与完善性格。

二、体育教师教学质量评价的类型

（一）教师自评

教师自评，评价者和被评价者都是教师自己。体育教师的教学自我评价是一种自我认识、自我教育、自我提高的评价。

体育教师自我评价的最大的优势在于，体育教师作为课堂教学活动的直接组织和实施者，最清楚整个教学过程，因此能得到第一手的教学反馈资料，教学评价更加直接、快速。

在实际的大学体育教学评价工作中，体育教师对自身体育课堂教学情况的评价是多方面的，不仅包括每次教学课的评价，而且包括各季度、学期的大学体育教学评价。持续的教学自我评价有助于教师的自我成长。

体育教师的教学质量自评的科学化实施要求如下。

第一，教师应具有良好的自省能力，能通过评价发现问题，并进行有针对性的教学反思。

第二，教师自评的教学跨度是较大的，应从每次教学课的评价开始，坚持定期和不定期的阶段评价与反省，不断完善教学技能、技巧。

第三，针对一次课的评价、体育教师的自评，主要评价内容集中在教学能力和教学效果的评价方面。

（二）教师互评

教师互评，评价者和被评价者的身份都是体育教师，彼此是同行关系。体育教师的教学互评主要是通过参与听课实现的，评价方式是在听课过程中和结束后随堂提交评价结果。

教师互评与教师自评的具体内容基本相似，只是评价主体不同。教师之间的互评能有效做到教学评价的专业性，因为一线教师对大学体育教学的需求、要求更加熟悉，教师的互评还有助于同行之间相互学习，共同促进。但是需要特别指出的是，由于评价者与被评价者彼此是同行、同事，因此，评价结果难免会掺杂一定的感情成分，教学评价难以做到绝对的客观性。

为避免主观情感因素的干扰，体育教师互评要求如下。

第一，从教学具体环节入手，定性评价与定量评价相结合。

第二，用公认的等级和分数进行评价，力求客观、准确。

第三，采用“公开课”或“评议课”的形式进行。

第四，评价者应熟悉大学体育教学业务、了解教学发展、改革的新形势。

第五，教师自评与教师互评结合进行。

（三）学生评价

学生评价，评价者是学生，被评价者是体育教师。

在大学体育教学的双边教学活动中，学生是其中非常重要的一边。学生对体育教师的教学情况最有发言权，因此，让学生作为评价者的大学体育教学评价是非常重要的一种大学体育教学评价方式，而且评价意义重大。

通过学生对体育教师的教学评价，能给予体育教师最直接的大学体育教学反馈，对于教师改进教学过程与效果具有非常重要的促进作用，有助于师生和谐关系的建立，并有助于教师充分了解学生学习中存在的各种问题，以便及时改进。

针对体育教师教学质量的学生评价的具体实施方法如下。

第一，座谈法。

第二，教师随堂和在课后询问学生感受。

第三，调查问卷。

第四，填写《大学体育教学质量评价表》。

（四）领导评价

领导评价，评价者是学校领导，主要包括主管大学体育教学的相关领导，同时，也可以是其他校领导。

在大学体育教学质量的评价类型中，领导评价是一种重要形式，它属于实质性的评价，对体育教师的职业地位、声誉、收入等具有直接的关系与影响，因此，评价者和被评价者都比较重视。

对比分析来看，相对于教师自评和教师互评，领导评价具有一定的缺陷性。具体表现在，一些领导并非体育专业教师，对大学体育教学的需求、要求、标准等不十分了解，对教师在课堂教学中的一些特殊安排可能产生误解或者注意不到，因此，领导评价缺乏教学评价的体育专业和专项性，可能造成对教学质量的误判。

针对大学体育教学的领导评价，为了做到大学体育教学评价的客观与公正，通常要求领导评价仅作为参考，结合多个教学评价主体和评价类型进行综合评价。

（五）学者评价

学者评价，其中的学者主要是指从事体育专业研究方面的学者和教育教学研究方面的学者。大学体育教学评价中，学者评价能更好地从专业角度对教师的大学体育教学活动开展情况进行评价，尤其是针对教学中某一个环节和片段的质量和效果能进行更为有针对性的分析，但是由于学者不是一线教师，对大学体育教学的开放性和复杂性体会不深，因此，在从整体上对教学做出全面的判断上也存在一定的难度。

对体育教师的大学体育教学质量评价，应综合上述几种类型互为补充地开展与实施。

第三节 学生学习效果评价

一、学生学习效果评价的内容

大学体育教学重视学生的全面发展，除了对学生的体育知识、技能掌握的笔试和实操进行考核评价，还包括对学生的心理能力、社会性发展的评价。针对学生在体育学习过程中的评价，具体应结合大学体育教学目标，对学生的一些学习效果进行评价。

（一）体育知识

为了更全面地评价学生的学习效果，对学生达成多领域学习目标的情况进行评价，经常通过考试的方法对学生的体育知识掌握情况进行评价，具体评价内容如下。

第一，学生对体育与健康的认识。

第二，学生对体育多元价值的认识。

第三，学生对体育知识的掌握和运用情况。

针对学生的体育知识掌握情况，可以通过口试和笔试两种方法进行教学评价，前者可以采用课堂提问或专题答辩的形式进行；后者通过考试答题进行，可以采用开卷和闭卷两种形式。

（二）体育技能

在我国高校体育不同的运动项目教学中，《全国普通高校体育教学指导纲要》对学生应该掌握和达到的技能标准有不同的要求，教师应结合《全国普通高校体育教学指导纲要》的具体要求对学生进行测评，具体测评方法如下。

1. 技术评定

根据学生完成技战术动作的质量进行评分。考核前按动作结构和配合过程，把所要进行考核的技术、战术分为若干个环节，

根据各个环节的完成情况予以评分。评分标准可采用十分制、百分制或等级制，最后转换为学生实际得到的分数。

2. 达标测试

根据学生完成技术动作的速度、准确性，按一定的要求制订评分表进行测试。达标测

试适用于单个技术动作、组合技术的考核，可单独采用，也可与技评相结合使用。

（三）体能素质

高校大学生的体能素质测评应结合学生的性别、年龄、从事专项特点等多方面进行综合考虑，应包括以下三方面的内容。

第一，学生一般身体素质发展的评价。具体可参考《国家学生体质健康标准》等有关评分标准

第二，学生从事某项运动的专项身体素质发展的评价。

第三，学生素质全面发展的评价。

（四）心理素质

通过学生的心理素质发展情况，了解学生的体育学习效果和程度。具体评价内容如下。

第一，学生能否战胜自卑和胆怯心理，对体育学习充满自信。

第二，学生是否具备良好的意志品质，能不畏艰辛、坚持不懈。

第三，学生是否具备良好的心理调节能力。

（五）社会适应能力

第一，学生能否理解和尊重他人，具有竞争意识，又善于合作。

第二，学生是否具有责任感，如遵守规则、全力以赴、能与他人很好地交换意见等。

第三，学生是否具有发现、分析、探索能力，是否能认真分析失败原因等。

（六）学习态度

第一，学生能否具有体育学习与参与的浓厚兴趣。

第二，学生能否坚持体育锻炼。

第三，学生能否全身心投入体育学习与体育锻炼。

第四，学生能否尊重教师、认真接受指导。

对学生学习态度的评价旨在了解通过大学体育教学是否促进了学生养成体育锻炼的意识和习惯。

二、学生学习效果评价的类型①

（一）教师评价

教师对学生体育学习效果的评价包括课堂、学期、学年等评价形式，具体评价内容包括学生的学习表现、知识掌握、身体素质和运动能力提高、运动技能和技巧发展等。

---

① 王涛涛，毛晨蕾．基于学习分析的在线课程学习效果评价研究［J］．中国成人教育，2018（17）：93－96.

（二）学生自评

学生自评，具体是指学生对自身学习情况的一种综合性评价，它有助于提高学生体育学习中的“自省”能力，有助于学生探索性的学习。

大学体育教学中，学生对自我体育学习情况的自我评价包括多方面的内容（学习目标，参与程度，体育意识、意志、精神等），评价过程中，可以由学校制订评价标准，也可以让学生自己确定评价的标准（目标回顾、成绩对比、行为规范等）。

结合体育学习的任务与目标，学生可以从体能、技能、体育参与、情感发展等方面对自我体育学习效果进行评价。

（三）学生互评

学生作为大学体育教学的重要参与者，在大学体育教学环境中是非常重要的一员，学生的体育学习离不开其他同伴的支持、帮助，因此，同学之间的体育学习评价也具有一定的参考价值。

具体来说，学生的体育学习需要个体努力，也需要其他同学的配合，如集体性体育项目技能的学习、战术实施等。学生之间的关系与师生关系不同，学生与学生接触的时间更多，彼此之间有更多的了解，因此，学生互评能为教师进一步完善大学体育教学提供更多角度与层面的信息参考。

学生在体育学习评价中由于对体育理论、技能理解具有一定的局限性，对学习目标认识的不足等问题，可能导致学生相互评价的片面、浅显和多情感性描述。因此，在学生互评中，教师应给予科学的引导和指导，以更加客观、深入、全面地实现学生对同学的体育学习的评价。

（四）家长评价

学生学习的价值评价，就是监护人对学生的体育学习的评价。

学校大学体育教学旨在促进学生发展，而家长是最关心子女健康发展的，父母最了解和最能发现子女的成长和变化，因此，在大学体育教学评价中，家长对学生的体育学习评价是非常重要的一部分内容，能为大学体育教学提供来自家长方面详细的学生体育学习信息以及关于大学体育教学的意见和建议，有利于促进大学体育教学评价体系的完善。

第四节　大学体育教学评价体系的发展

一、大学体育教学评价的发展趋势

（一）科学化发展

大学体育教学评价的重要参考价值就在于其能科学反映大学体育教学的质量、效果，能给予师生良好的教学反馈进一步完善教学。因此，大学体育教学评价将在大学体育教学中继续扮演重要地位和发挥重要作用，大学体育教学评价将更加科学化，这是发挥大学体育教学评价价值的重要前提。

就大学体育教学评价体系的构建来说，大学体育教学评价方法、内容、标准、主体等的选择和确定都应有一定的科学依据，大学体育教学评价应遵循大学体育教学的客观规律，以实现对不同教学对象、教学效果的科学评价。

（二）创新性发展

随着现代大学体育教学改革中对大学体育教学评价的重视，关于大学体育教学评价的相关研究越来越多，不断有新的大学体育教学评价方法与标准被提出来。这些新的大学体育教学评价方法与标准的执行，为进一步完善大学体育教学评价体系，反映大学体育教学过程和效果做出了贡献，有利于促进整个大学体育教学的发展，创新是大学体育教学评价的一个重要发展趋势。

（三）可操作性

任何大学体育教学评价要想做到评价的科学实施、发挥评价的效果，都要注重大学体育教学评价的可操作性，否则，再好的教学评价方法、内容、标准都只能成为一种空想，无法实施的教学评价没有任何评价意义。

大学体育教学的可操作性是大学体育教学评价实施的重要前提和基础，也是未来大学体育教学评价发展的一个不可改变的基本要求。

二、大学体育教学评价体系的创新、完善策略

（一）转变教学评价观念

大学体育教学过程是一个动态的发展过程，针对大学体育教学的评价也必然需要不断适应新时代与社会发展对大学体育教学的要求，更新与创新评价工作观念具有重要的现实

意义。

（二）创新教学评价方法

大学体育教学过程是开放性的，大学体育教学评价过程是一个复杂的过程，科学的教学评价需要多元化的评价指标、多种类教学方法的综合评价，如此才能做出全面、正确的评价。

（三）科学制订评价指标

在大学体育教学评价中，科学制订评价指标非常关键，科学的评价指标能确保大学体育教学评价的科学开展，否则就不能做到对评价对象的科学、全面、客观评价，不能真实地反映评价对象的教与学的情况。

科学制订教学评价指标，具体要求如下。

第一，在拟定教学评价指标时，以评价内容的内在逻辑结构为依据，认真分析，逐级分解、分层次分解教学评价指标。

第二，以个人或集体的经验为依据，对评价指标的重要性科学、正确地进行衡量，选择最佳评价指标。

第三，教学评价实践过程中，观察大学体育教学评价标准是否科学、合理，如有不妥，应对评价指标及时做出调整。

（四）丰富教学评价主体

科学的大学体育教学评价必然是全面的大学体育教学评价，这种全面性要求在针对某一个教学个体和群体进行教学评价时，应尽可能多地选择教学评价主体，以更加全面地了解教学评价对象的大学体育教学方面的各种信息。

具体来说，在大学体育教学评价中，与大学体育教学相关的各身份主体都应该作为大学体育教学评价主体被考虑，如教师、学生、学校领导、专家学者、学生家长等。

（五）丰富教学评价内容

大学体育教师应树立与时俱进的教学观念，丰富大学体育教学评价内容，注重对大学体育教学进行评价，推动大学体育教学评价工作的高效开展。

以对学生的体育学习评价为例，高校体育教师既要关注对学生基础体育知识与相关技能的培养，还要通过体育训练，帮助学生树立科学的体育意识、体育价值观，完善学生人格，培养学生良好的体育习惯，帮助学生制订体育运动和健身计划，持续参与体育健身活动和体育学习，进而实现大学体育教学目标，凸显大学体育教学价值。

（六）建立教学评价档案

每一次的教学评价对之后的教学改善都是具有指导、参考、启发作用的，为了更好地总结经验与教训，应做好评价归档工作。教师应为每个学生建立评价档案，学校在对教师的评价工作中也要为每个教师建立评价档案。①

（七）健全评价反馈和保障机制

要构建完善的大学体育教学评价体系，促进大学体育教学评价的科学化发展，就必须建立健全教学评价反馈和保障机制，不断提高大学体育教学评价的科学性与规范性。

首先，学校领导和相关部门应善于深入教学评价实践、总结经验，广泛调取师生意见和建议，及时收集和整理评价信息。

其次，应在建立大学体育教学评价反馈机制的基础上建立完善的评价监督机制，以便引导、规范大学体育教学评价中各种参与者（包括评价者、被评价者、评价管理者）的各项工作都正常、合理地进行，对教学评价中的各个环节进行监督和控制，避免利益、人情干扰，使整个大学体育教学评价更加客观、真实、有效。

① 梁红京，马海涛．教学档案袋：一种可资借鉴的教学评价工具［J］．全球教育展望，2003，32（11）：52－55，58.

参考文献

[1]陆宇榕,王印,陈永浩.体育文化与健康教育探究[M].北京:新华出版社:2018.

[2]侯柏晨,谢勇,王焕珍,陆思家,李莉.大学体育[M].北京:人民邮电出版社:2017.

[3]刘堃,刘丽萍.大学生体育运动与健康促进教育探索[J].卫生职业教育,2019,37(15):19—20.

[4]张栋.体育运动与健康的关系研究[J].中小企业管理与科技(上旬刊),2016(03):137.

[5]刘雪剑.浅谈体育运动与健康的关系[J].当代体育科技,2015,5(08):12—13.

[6]贾莉莉.体育运动与健康研究[J].搏击(体育论坛),2012,4(04):40—41.

[7]刘一平,余道明.体育运动与健康促进[J].体育科学研究,2007(04):69—71.

[8]杨中皖,沈明亚.健康视域下身体运动功能训练和大学体育融合研究[J].淮北师范大学学报(自然科学版),2020,41(01):66—72.

[9]刘蓉.基于体质健康促进的大学体育运动处方教学模式研究与实践[J].当代体育科技,2015,5(08):133—134.

[10]才化冰,苏长滨,吴子赋,闫桂兰,丁健.大学体育与社会群众体育的比较研究[J].哈尔滨体育学院学报,2004(02):60—61+64.

[11]姜晓阳.高校大学生体育行为的养成[J].齐齐哈尔大学学报(哲学社会科学版),2009(01):166—167.

[12]赵昌毅,罗长青.高校体育与健康意识[J].民族教育研究,2003(02):85—89.

[13]张利勇.大学体育教学中融入健康营养教育研究[J].食品工业,2021,42(04):549—551.

[14]周建雯,熊伟.论大学体育与心理健康教育的融合[J].西部素质教育,2015,1(15):58.

[15]常斌.浅谈体育运动与健康的关系[J].农家参谋,2017(24):307.

[16]王晓毅.中国大学生体育协会发展研究[M].北京:北京体育大学出版社:中国体育博士文丛,2012.

[17]易礼舟,戴彬.大学生体育与健康[M].重庆:重庆大学出版社:2018.

[18]俞金英.运动、健康与休闲:高校体育教育发展的方向[J].体育科学研究,2010,14(01):103—106.

[19]党晓云,许亮,冯晓艺.关于在普通高校体育与健康课程体系中设置运动处方内容的构

想[J].河南师范大学学报(自然科学版),2003(04):95－98.

[20]徐忠,张谦.奥林匹克运动与健康第一的高校体育[J].湖北体育科技,2009,28(03):249－250＋254.

[21]程帆.高校体育运动与心理健康互动发展研究[J].中国神经免疫学和神经病学杂志,2021,28(02):173.